인류세에 대해

인간 중심에서 생명 중심으로

인문학이 답하다

인류세에 대해 인문학이 답하다

인류세에 대해 인문학이 답하다

인간 중심에서 생명 중심으로

1판 1쇄 인쇄 | 2024년 11월 21일
1판 1쇄 발행 | 2024년 11월 28일
지 은 이 디페시 차크라바르티(Dipesh Chakrabarty)
옮 긴 이 조성환, 이우진
발 행 인 장주연
출 판 기 획 임경수, 김수진
책 임 편 집 박연주
편집디자인 최정미
표지디자인 김재욱
제 작 황인우
발 행 처 군자출판사(주)
등록 제 4-139호(1991. 6. 24)
본사 (10881) **파주출판단지** 경기도 파주시 회동길 338(서패동 474-1)
전화 (031) 943-1888 팩스 (031) 955-9545
홈페이지 | www.koonja.co.kr

Originally delivered as a Tanner Lecture on Human Values at Yale University, February 2015.

ISBN 979-11-7068-195-3
정가 13,000원

일러두기

* 이 책은 디페시 차크라바르티가 2015년 2월에 미국의 예일대학에서 행한 두 차례의 강연 "인류세의 인간의 조건"의 원고를 번역한 것이다.
* 원저의 출처는 다음과 같다: "The Human Condition in the Anthropocene", The Tanner Lectures on Human Values, vol. 35, edited by Mark Matheson. Salt Lake City: University of Utah Press, 2016, pp.137~188.
* 이 원고는 인터넷에서 다운로드할 수 있고, 당시의 강연도 유튜브에서 시청할 수 있다.
  (https://tannerlectures.utah.edu/_resources/documents/a-to-z/c/Chakrabarty%20manuscript.pdf)
  (https://www.youtube.com/watch?v=CEPTyrQGgdI)
* 원문에서 이탤릭체로 강조되어 있는 단어는 굵은 글씨로 바꾸었다.
  원문에는 다른 사람의 말을 인용한 곳이나 저자가 강조한 말을 모두 " "로 표기하고 있는데, 번역서에서는 인용문이나 인용구는 " "로, 강조 부분은 ' '로 각각 구분해서 표기하였다.
* 원문에는 본문으로 되어 있는 문장을 번역서에서는 가독성을 위해서 인용문 형태로 편집한 경우도 있다.
* [ ]는 저자가 다른 사람의 말을 인용할 때 보완한 내용을 나타내는 부호이다.
* 가독성을 고려하여 본문에 있는 말을 각주로 돌린 경우도 있다.
* 원저에는 참고문헌이 없는데, 번역서에는 각주에 인용된 문헌들을 모아서 참고문헌을 만들었다. 아울러 한글 번역이 있는 문헌들도 추가하였다.
* 원저에서 인용된 외국어 문헌 중에서 한글 번역이 있는 경우에는 [역자주]에다 한글 번역본의 서지사항과 쪽수도 찾아서 표기하였다. 다만 번역은 역자가 독자적으로 했다.

저자 소개

디페시 차크라바르티(Dipesh Chakrabarty, 1948~)는 인도 출신의 역사학자로 시카고대학 교수이다. 현재 전 세계적으로 가장 주목받고 있는 지구인문학자이자 인류세 인문학자이다. 물리학, 경영학, 역사학, 철학 등 분과 학문을 넘나드는 폭넓은 식견을 바탕으로, 15년 전부터 지구사geohistory, 기후변화 역사학the history of climate change, 행성인문학planetary humanities과 같은 새로운 분야를 개척하고 있다. 그의 강연은 유튜브를 통해 전 세계에 전파되고 있고, 그의 저서에는 철학자 브뤼노 라투르와의 대담도 실려 있다. 국내에 소개된 책으로는 『유럽을 지방화하기』(2014), 『행성시대 역사의 기후』(2023), 『하나의 행성, 서로 다른 세계』(2024)가 있다.

서문

'한국의 독자들에게'

지금으로부터 10여 년 전, 2015년 2월 18일부터 19일까지 예일 대학교에서 제가 했던 테너 강연Tanner Lecture 『인류세 시대 인간의 조건』이 한국어로 번역된다는 것은 커다란 영광이자 기쁨입니다. 2021년에 나온 저의 책 『행성시대 역사의 기후』는 한국어로도 번역되었고, 2023년에 나온 『하나의 행성, 서로 다른 세계』도 한국어로 읽을 수 있습니다. 이번에 번역된 테너 강연의 원고는 이 두 권의 책을 집필하는 도중에 쓴 것입니다. 그래서 먼저 번역된 두 권의 책도 같이 읽으시면 도움이 되리라 생각합니다. 세 권의 책은 모두 같은 프로젝트의 산물이기 때문입니다. 하지만 이번에 나온 테너 강연을 통해서 이후의 책들에서 묻혔을지 모르는 저의 생각의 틈새들을 발견하실 수 있으리라 생각합니다.

제가 인간이 유발한 행성의 기후 변화 현상과 처음 조우했을 때, 그리고 그것이 '근대 기술 문명'에 드리운 위험을 이해했을 때, 저는 그것이 제가 대학에서 배웠던 그리고 전 세계의 지배적인 패러다임이 되었던 서구/유럽 역사학의 기본 전제에 도전하고 있다는 사실을 깨달았습니다. 그 전제가 있었기 때문에 역사학자들이나 역사 철학자들, 가령 헤겔에서 마르크스에 이르는 철학자들은 인간사와 자연사를 별개의 연구 분야로 다룰 수 있었습니다. 『하나의 행성, 서로 다른 세계』에서는 인간사와 자연사의 이러한 분리를 합리적으로 보이게 하는 논의들을 깊게 다루었습니다. 그러나 자연사와 인간사의 구분은 지구 시스템 과학자들이 오늘날의 인류는 인구수와 소비 수준과 기술 진보 덕분에 행성 전체의 기후를 바꿀 수 있는 지구 물리학적 힘이 되었다고 주장하기 시작했을 때 붕괴되었습니다. 저의 작업은 이러한 관찰에 담긴 인문학적 함의를 강조하는 데에서 시작하여 그것을 점점 깊게 탐구하는 방향으로 나아갔습니다. 이러한 관찰을 통해 저는 '글로브globe'와 '행성planet'이 비록 무관하지는 않지만 서로 다른 범주이고, 우리가 지나가고 있는 시대는 더이상 단순히 '글로벌global'이라고만은 할 수 없고 그것은 '행성적planetary'이기도 하다고 주장하게 되었습니다. 이에 반해 이번에 번역된 테너 강연은 그리스어의 두 범주인 비오스bios와 조에zoe의 구분에 좀 더 초점을 맞추었습니다. 그리고 이 작업은 이후의 글로벌global과 행성적plnetary의 구분이 무의식중에 차단했을지 모를 가능성을 다시 생각하게 한다는 점에서 의미가 있을 것입니다.

이 외에도 저의 저작들이 한국어로 번역되는 데에는 특별한 의미가 있습니다. 한국은 불교의 전파를 통해 저 같은 인도인과 역사적, 문화적, 영적인 성향을 공유할 수 있는 나라입니다. 그런 나라의 독자들에게 저의 작업에 대한 판단을 맡긴다는 것은, 다른 많은 문맥에서보다 훨씬 더 예리한 문제를 제기할 수 있는 특별한 기회를 갖는 것입니다. 저는 비록 인도에서 태어나서 20대 후반까지 자랐지만 대체로 서구 전통의 교육을 받았고, 지금은 유럽의 인문학과 사회과학 전통 안에서 연구하고 있습니다. 물론 이런 전통들은 오늘날 어느 정도 지구적이global 되었습니다. 하지만 한국과 같은 곳이라면 유럽의 사유 전통을 기존의 비유럽적 사유 전통과 생산적으로 대화시키는 것도 가능하다고 생각합니다. 그리고 그와 같은 문화 간의 대화는 오늘날 세계가 필요로 하는 것입니다. 제가 알기로는 이런 시도는 이미 행해지고 있습니다.*

기후변화는 글로벌하면서 행성적인global-planetary 문제입니다. 세계의 기후 시스템은 하나이지만, 지역에 따라 다양하고 불안정한 패턴의 날씨와 상이한 환경적 요인으로 나타납니다. 기후변화에 대한 우리의 행동은 두 가지 문제를 모두 고려해야 합니다. 즉 과학자들이 상정하는 추상적인 의미에서의 '지구 시스템'과 제 용어로 말하면 '행성'과 그 행성이 우리의 지역적 삶에 모습을 드러나는 지역적local 방식을 모두 다루어야 합니다. 마찬가지로 비서구적 문맥에서는 서구의 '자연nature' 범주와 인간/자연 구분human/

---

* 이 책의 역자 중 한 사람인 조성환이 최시형의 동학 사상에 대해 쓴 논문을 참고하기 바란다. Cho Sŏng-hwan, "The Philosophical Turn in Tonghak: Focusing on the Extension of Ethics of Ch'oe Sihyong," *Journal of Korean Religion*, 13-1, April 2022, pp.29~47.

nature distinction에 정확히 상응하는 언어적, 문화적 대응물이 있을 수도 있고 없을 수도 있습니다. 그러나 기후로 인해 우리가 받는 스트레스를 완화시키거나 그것에 적응하려는 인류의 시도가 조금이라도 성공할 수 있으려면, 서로 상이하지만 비교 가능한 전통들 사이의 번역 행위는 이 문제에 대처하는 과정에서 우리를 하나로 묶어준다는 점에서 매우 중요할 것입니다.

마지막으로 저의 작업에 대한 열정을 가지고 이 책의 출판을 성사시켜 준 저의 한국인 동료들에게 감사드립니다. 그리고 군자출판사에도 감사를 드립니다. 마지막으로 이 책이 한국의 독자들에게 울림이 있기를 마음속 깊이 바랍니다!

디페시 차크라바르티

2024년 8월 11일 시카고

들어
가며

‘지질학적 시간에 내던져진 인간’

- 행성적 차원에서 근대를 다시 생각하기 -

2015년과 인류세 인문학

이 책은 저자가 2015년에 미국 예일대에서 이틀 동안 행한 강연의 원고를 번역한 것이다. 시기적으로 보면 2009년에 나온 저자의 논문 「역사의 기후: 네 가지 테제」와 2021년과 2023년에 나온 단행본 『행성시대 역사의 기후』와 『하나의 행성, 서로 다른 세계』의 중간에 해당한다. 2015년에는 저자의 강연 이외에도 유럽에서의 인류세 논쟁을 묶은 『인류세와 지구적 환경 위기: 새로운 시대에 근대를 다시 생각하기』가 나온 해이기도 하다.[1] 이 책에는

1 원제는 *The Anthropocene and the Global Environmental Crisis: Rethinking Modernity in a New Epoch* edited by Clive Hamilton, François Gemenne, Christophe Bonneuil, London: Routledge, 2015이다. 이 책은 다음 사이트에서 다운로드 가능하다:
https://library.oapen.org/bitstream/id/1483199a-be5f-4a76-912e-6fa9eb4f8a05/9781317589099.pdf

디페시 차크라바르티를 비롯하여 브뤼노 라투르, 클라이브 해밀턴, 이자벨 스텡거스 등 국내에서도 널리 알려진 학자들이 저자로 대거 참여하였다. 이 책의 모태는 2013년 11월에 프랑스 파리에서 3일 동안 열린 국제학술대회 《인류세를 생각하기》이다.[2] 같은 해인 2013년 2월에 브뤼노 라투르는 스코틀랜드 에딘버러대학에서 "가이아와 마주하기: 자연정치신학 여섯 강좌"라는 주제로 여섯 차례에 걸쳐 기포드 강연을 했다.[3] 이상의 사실로부터 2013년 무렵부터 서양에서 본격적으로 인류세가 인문학의 주제로 부상하였고, 차크라바르티의 강연 『인류세 시대 인간의 조건』도 이러한 분위기에서 탄생했음을 알 수 있다.

이 책은 한글로도 번역되었다: 허남진·이원진·조성환, 『인류세란 무엇인가: 유럽에서의 철학적 논쟁』(모시는사람들, 2024).

2 원제는 "Thinking the Anthropocene"이고, 학술대회 프로그램은 다음 사이트에서 다운로드 가능하다:
http://lettre.ehess.fr/docannexe/file/6462/thinking_the_anthropocene_final_programme.pdf

3 원제는 "Facing Gaia: Six Lectures on the Political Theology of Nature"이고, 강연 원고는 다음 사이트에서 다운로드 가능하다:
https://www.earthboundpeople.com/wp-content/uploads/2015/02/Bruno-Latour-Gifford-Lectures-Facing-Gaia-in-the-Anthropocene-2013.pdf

근대에 대한 재인식

2015년에 나온 『인류세와 지구적 환경 위기』의 부제가 "새로운 시대에 근대를 다시 생각하기"라는 점으로부터, 인류세는 '새로운 시대'를 지칭하는 개념이고, 그것은 종래의 '근대'라는 시대 인식을 새롭게 하는 신개념임을 알 수 있다. 종래에 '근대'라고 하면 봉건적인 중세와는 다른 '새로운 시대'를 지칭하는 개념으로 산업혁명, 자본주의, 국민국가, 합리주의, 자유주의 등으로 대변되는 진보되고 발전된 세련된 시대라는 이미지가 지배적이었다. 반면에 인류세는 산업혁명과 자본주의로 인해 발생한 인위적인 기후변화가 일어난 시기를 가리킨다. 그래서 인류세 개념에는 인류가 전대미문의 위기 상황에 직면한 '어두운' 시대의 이미지가 지배적이다. 지칭하는 시기는 근대와 인류세가 동일하지만[4], 그 안에 담긴 뉘앙스는 정반대이다. 그렇다면 근대 시기에 어떻게 해서 기후변화가 일어났을까?

자연법칙에 개입하는 인간

이 책에서 차크라바르티는 칼 야스퍼스의 『근대의 인간』에 나오는 다음과 같은 구절을 인용하고 있다.

---

4 물론 학자들마다 인류세의 시작에 대해서는 이견이 있지만, 대체로 산업혁명의 시작을 인류세로 보는 관점이 지배적이다.

인간은 '자연의 인과'에 개입하는 법을 습득해 왔다.[5]

자연은 한자어 '自然(자연)'이라는 말이 시사하듯이, 인간과 무관하게 '스스로(自) 그러한(然)' 법칙에 따라 운행되는 세계이다. 그런데 근대의 과학 혁명은 인간이 자연의 법칙에 개입하는 새로운 상황을 초래하였다. 그것이 바로 오늘날 우리가 겪고 있는 '기후변화'이다. 기후변화는 인간이 지구의 기후 시스템을 의도치 않게 변화시킨 사건을 말한다. 그래서 기후변화 앞에 '인위(발생)적anthropogenic' 혹은 '인간이 유발한human-induced'이라는 수식어를 붙이기도 한다.

그런데 근대의 학문에서는 인간과 자연을 분리해서 생각해 왔다. 우리가 학창 시절에 배운 문과와 이과라는 구분은 그러한 생각의 산물이다. 하지만 차크라바르티에 의하면, 인간에 의한 기후변화는 그러한 이분법의 전제를 여지없이 무너뜨린다. 인간이 자연의 인과에 개입하기 시작했기 때문이다. 차크라바르티의 2009년 논문 「역사의 기후: 네 가지 테제」는 이 점을 지적한 선구적인 연구이다. 그리고 위의 인용문은 야스퍼스가, 비록 기후변화나 인류세 개념은 모르고 있었지만, 인간과 자연의 구분이 더이상 유효하지 않음을 직감하고 있었음을 말해준다.

---

5 He has learned how to interfere with 'natural causation.' Karl Jaspers, *Man in the Modern Age,* translated by Eden Paul and Cedar Paul, New York: Henry Holt and Company, 1933, p4.

자연에 들어가는 행위

야스퍼스와 비슷하게 『인간의 조건』의 저자인 한나 아렌트도 "자연 속으로의 행위action into nature"라는 표현을 사용하여, 인간의 산업 행위가 자연의 인과법칙에 개입하기 시작했음을 지적하였다. 이 점에 대해서 올리버 벨체르와 제레미 슈미트는 다음과 같이 설명하였다.

> 아렌트에 의하면, 현대 세계[6]의 새로움은 단지 자연에 의거하는 인간의 행위(act upon nature) 능력이 아니라 자연에 들어가는 인간의 행위(act into nature) 능력이다. 아렌트는 말한다: "우리는 역사에 들어가서 행위(act into history) 했듯이 자연에 들어가서 행위하기(act into nature) 시작했다."[7] (…) '자연에 들어가는 행위'에 대한 아렌트의 통찰은 지금은 익숙해진 "인간의 시간과 지질학적 시간이 교차된다"고 하는 인류세의 공리를 예견하였다(디페시 차크라바르티, 「역사의 기후」).[8]

여기에서 아렌트가 말하는 "자연 속으로 들어가서 행위하다act into nature"는 야스퍼스의 표현으로 하면 "자연의 인과법칙에 개입

6 여기에서 아렌트가 말하는 '현대세계(modern world)'는 이른바 '근대'를 말하는 것이 아니라, 원자폭탄이 폭발된 1945년 이후를 말한다.

7 Hannah Arendt, *Between Past and Future*, London: Penguin Books, 2006[1961], p.58.

8 Oliver Belcher and Jeremy J Schmidt, "Being earthbound: Arendt, process and alienation in the Anthropocene," *Society and Space* 39, 2021, p.104.

하다interfere with natural causation"에 다름 아니다. 인간이 자연 속으로 들어가서 행위한 결과가 자연의 인과법칙에 대한 개입이기 때문이다(다만 아렌트는 그 시기를 1945년의 원자폭탄 투하 이후로 본다는 점에서 야스퍼스와 차이가 있다). 이것은 종래에 자연법칙에 따라 살았던act upon nature 인간의 삶의 방식과는 질적으로 다르다. 이렇게 보면 근대란 인간과 자연이 서로 얽히기 시작한 시기를 인위적으로 분리해서 본 시기라고도 말할 수 있다.

원자폭탄과 기후변화

아렌트는 "인간이 자연 속으로 들어가서 행위하기 시작"한 시기를 1945년 원자폭탄 투하 이후로 보고 있다. 인간이 자연의 법칙을 모방해서 인위적으로 엄청난 에너지를 만든 것이 '원자력'이고, 그것을 무기화한 것이 '원자폭탄'이기 때문이다. 그런데 원자폭탄은 인류 전체를 멸망시킬 수 있을 정도의 가공할 만한 위력을 지니고 있다. 이에 대해 야스퍼스는 아렌트의 『인간의 조건』이 나온 1958년에 『원자폭탄과 인간의 미래』라는 책에서 다음과 같이 말했다.

> 원자폭탄으로 인해 완전히 새로운 상황이 발생했다. 모든 인류가 물리적으로 멸망하든지, 아니면 인간의 도덕적·정치적 조건에 변화가 생길 것이다. 이 책은 우리가 두 개의 환상 중에서 무엇을 선택해야 할지를 명확히 하려는 시도이다.

아렌트가 '현대 시기'를 원자폭탄 이후로 잡은 것도 이러한 '새로운 상황'에 대한 인식 때문이었을 것이다. 그런데 차크라바르티에 의하면, 여기에서 '원자폭탄'을 '지구온난화'로 바꾸면 지금 우리가 살고 있는 시대에 해당한다(이 책의 17쪽). 그만큼 기후변화는 인류의 생존과 직결되는 절박한 문제라는 것이다. 다만 원자폭탄이 전쟁이라는 특별한 상황에서만 사용되는 '잠재적인 위험'이라고 한다면, 지구온난화는 마치 코로나 팬데믹처럼 우리의 일상생활에서 시시각각 일어나고 있는 '일상화된 위험'이라는 점에서 차이가 있다.

시대 의식과 깊은 지구

그런 점에서 차크라바르티는 기후변화를 이 시대를 대변하는 '시대 의식epochal consciousness'으로 보고 있다. '시대 의식'은 야스퍼스의 개념으로, 쉽게 말하면 '문명의 위기 의식'으로 이해할 수 있다. 그런데 야스퍼스에 의하면 이러한 시대 의식은 분과적 학문의 관점에서는 접근하기 어렵다. 즉 전체적 관점에서만 이해될 수 있다. 비록 그것에 대한 구체적인 해결은 분과적이고 전문적이어야 할지라도, 인류 '공통'의 시대 의식은 전문적인 학문 분야를 넘어서야 구축될 수 있다는 것이 차크라바르티의 생각이다.

이러한 의미에서의 시대 의식을 생각할 때 차크라바르티가 주목하는 개념이 '행성planet'이다. 기후변화는 "행성에서의 생명의 조건을 둘러싼 매우 심각한 물음들을 제기하고, 이러한 질문들의 맥락에서 인간을 볼 것을 촉구하기" 때문이다(이 책의 66쪽). 그런데 차크라바르티에 의하면, 종래의 인간에 대한 관점은 행성planet보다는 글로브globe에 초점이 맞춰져 있었다. 글로브는 글로벌라이제이션globalization이라는 표현에서 알 수 있듯이, 인간화될 수 있는 지구Earth의 측면을 말한다. 구체적으로는 인간이 거주할 수 있는 지구의 얇은 층을 가리킨다. 보통 '생물권'이라고 불리는 이 층은 산업화와 자본화에 의해서 인간이 예측할 수 있고 개조할 수 있는 영역이다.

반면에 행성은 인간의 능력을 벗어난 '깊은 지구deep Earth'의 측면이다. 그것은 인류가 탄생하기 이전부터 존재하였던 깊은 시공의 역사를 지니고 있다. 기후변화는, 마치 리스본대지진이나 동일본대지진과 같이, 이 행성의 차원에서 일어나는 자연 현상이다. 그러나 그것은 산업혁명 이래로 서서히 시작되어 1990년 전후에 본격화된 글로벌라이제이션(지구화)으로 인해 유발된 인위적인 현상이기도 하다. 그래서 차크라바르티는 기후변화는 행성의 측면과 글로브의 측면이 만나는 지점에서 생긴 사건이라고 말한다(이 책의 36쪽).

깊은 역사, 깊은 인문학

차크라바르티에 의하면, 이와 같이 행성과 글로브의 만남으로서의 기후변화는 우리를 '깊은 역사'로 데리고 갔다.

> 저는 그것을 '빠짐'에 비유합니다. 우리는 '깊은(deep)' 역사, 깊은 지질학적 시간에 빠졌습니다. 이 '깊은' 역사에 빠지는 것은 모종의 인식 충격을 동반합니다. 그것은 행성의 타자성, 그리고 우리가 의도치 않게 그 일부가 된 대규모의 공간적, 시간적 과정들에 대한 인식입니다(이 책의 96쪽).

기후변화는 설령 그것이 인간이 유발한 사건이라고 해도, 행성이라는 거대한 시스템 위에서 전개되는 현상이다. 따라서 기후변화 시대의 인간을 이해하기 위해서는 시공간의 범위를 확장해야 한다. 그것은 역사에 대한 감각을 인간 중심에서 행성 중심으로 확대시키는 것을 의미한다. 인간이 주인공이고 행성이 배경이 되었던 근대적인 인간과 자연 이해로는 인류세라는 새로운 시대를 제대로 인식할 수 없기 때문이다. 그래서 인류세는 인간 중심의 인문학을 행성 중심의 인문학으로 전환할 것을 요구한다. 그런 의미에서 인류세 인문학은 '깊은 인문학deep humanities'이라고 할 수 있다.

같은 대기, 다른 영향

그런데 행성은 인간을 구별하지 않지만, 글로브는 인간에 따라 다르게 적용된다. 글로벌라이제이션(지구화)의 정도가 각 나라마다 다르기 때문이다. 즉 산업화가 빨리 된 나라와 늦어진 나라의 차이가 있기 때문이다. 그래서 일찍이 울리히 벡이 "스모그는 민주적이지만 빈곤은 위계적이다(『위험사회』, 1986)"라고 했듯이, 행성의 대기(大氣)는 연속적이고 분할불가능하지만, 그 영향은 지역과 계층에 따라 다르게 나타난다. 전통적 개념으로 표현하면, "기(氣)는 하나이지만 다르게 드러난다(氣一分殊)"고 할 수 있다. 여기에서 '하나(一)'는 공통으로서의 행성의 차원이고, '다름(殊)'은 차이로서의 글로브의 영역이다. 기후 정의나 지구정치학은 이 '차이'의 영역에서 발생하는 문제를 다룬다. 이 책에서 인용되고 있는 2015년의 인도 환경 장관의 말은 이 문제를 단적으로 보여주고 있다.

> 우리는 인구의 20%가 전기를 사용하지 못합니다. 이것이 우리의 최우선 과제입니다. 우리는 더 빠르게 성장할 것이고 탄소 배출량도 증가할 것입니다(이 책의 74쪽).

주지하다시피 오늘날의 지구온난화는 탄소를 대량으로 배출해 온 선진국에 대부분의 책임이 있다. 경제적으로 세계 10위권까지 올랐던 한국도 예외는 아니다. 반면에 아직 경제개발 단계에 있는 인도와 같은 나라는 경제를 발전시키려면 탄소를 배출하지 않을 수 없다. 하지만 인도와 같은 거대한 나라까지 탄소를 계속해서 배출한다면 지구의 온도는 계속해서 올라갈 것이다. 바로 여기에 우리의 딜레마가 있다. 이 딜레마는 그동안 우리가 '근대'라는 이름으로 사유해 왔던 모든 낯익은 사고방식들을 다시 생각할 것을 요구한다. 이 '다시 사유하기' 작업에 차크라바르티의 강연이 하나의 디딤돌이 될 수 있기를 바란다.

조성환

목차

제 1 강

시대 의식으로서의 기후변화

Climate Change as Epochal Consciousness

디페시 차크라바르티

꽤 오래전부터 저의 관심은 다음과 같은 물음에 있었습니다.

점점 강화되고 있는 세계의 연결성에 관한 지구화(globalization) 이야기와 점점 지구가 따뜻해지고 있다는 지구온난화(global warming)라고 하는 서로 교차하는 주제가 우리가 살고 있는 시대에 대한 감각을 어떻게 구성하고 있는가?

이 두 주제는 따로 놓고 보면 서로 다른 기원을 가진 것처럼 보입니다. 예컨대 지구시대global age[1] 라는 관념은 인문학자들에 의

* 나를 이 강연의 연사로 초대해 주신 예일대학교 테너 강좌 위원회에 감사드린다. 그리고 공식적, 비공식적 코멘트를 해주신 마이클 워너(Michael Warner), 다니엘 로드 스메일(Daniel Lord Smail), 와이 치 디목(Wai Chee Dimock), 게리 톰린슨(Gary Tomlinson) 그리고 청중 여러분께도 감사드린다. 또한 프레드릭 욘손(Fredrik Jonsson), 에와 도만스카(Ewa Domanska), 로초나 마줌다르(Rochona Majumdar), 제라드 시아르니(Gerard Siarny)와의 토론을 통해서 많은 도움을 받았다.

1 [역자주] 여기에서 '지구'로 번역한 말의 원어는 'global'이다. 제1강에서 'global'은 대부분 '지구', '지구적' 또는 '지구적인' 등으로 번역하였다. 가령 'global history'는 '지구사'로, 'global warming'은 '지구온난화'로, 'global age'는 '지구 시대'로, 'global action'은 '지구적 행동'으로 각각 번역하였다. 다만 번역하지 않고 '글로벌'로 표기할 때 자연스러운 경우에는 '글로벌'로 옮겼다. 예를 들면 '글로벌한 정치적 의지'가 그것이다. 또한 제2강 "세계

해 형성된 반면, 행성의planetary[2] 기후변화는 과학자들에 의해 정의되고 발견된 현상이기 때문입니다. 기후변화 과학은 냉전 시대에 뿌리를 두고 있고, 특히 핵폭탄이라는 현실과 대기 및 우주에 관한 연구 경쟁과 관련이 깊습니다. 1980년대 후반에 기후변화 또는 지구온난화는 대중적 관심사가 되었는데, 그 이유는 과학자들이 기후변화 또는 지구온난화가 인류문명이 직면한 최대의 위협이고, 이 위협은 우리 문명이 화석연료가 제공하는 값싸고 풍부한 에너지에 의존하고 있는 데에서 기인한다고 각국 정부에 조언했기 때문입니다. 그들은 기후변화가 본질적으로 인위적이고[3], 과도한 온

에서 글로브 또는 행성으로"에서도 globe나 global이 earth나 planet 또는 planetary와 대비되면서 사용되고 있기 때문에, 저자의 의도를 살리고 독자의 혼란을 피하기 위해서 번역하지 않고 '글로브' 또는 '글로벌'로 옮겼다.
참고로 이 책의 일본어 번역서에서는 globe는 '地球'로, Earth는 '地星'으로, earth는 '大地' 또는 '地星'으로 각각 나누어서 번역하고 있다(ディペシュ・チャクラバルティ, 『人新世の人間の条件』, 早川健治 訳, 東京: 晶文社, 2023, 9쪽 각주 5번). 한편 저자의 또 다른 한글 번역서인 『행성 시대 역사의 기후』에서는 globe는 '지구'로, earth는 '대지'로 각각 번역하고 있다(디페시 차크라바르티, 『행성 시대 역사의 기후』, 이신철 옮김, 에코리브르, 2023). 이하, 일본어 번역서와 한글 번역서는 각각 '『人新世の人間の条件』'과 '『행성 시대 역사의 기후』'로 약칭한다.

2 [역자주] 이 책에서 '행성적'이라고 할 때의 '행성planet'은 거의 대부분 '행성으로서의 지구'를 의미한다. 이와 비슷한 표현으로 'planet Earth'나 'planet earth'도 사용되고 있는데, 이 경우에는 '행성 지구'로 번역하였다.

3 [역자주] '인위적'은 'anthropogenic'의 번역어이다. 'anthropogenic'은 '인간에 의해 발생한'이라는 뜻으로, 지금의 기후변화가 자연적으로 일어난 현상이 아니라 인간이 유발한 인위적 현상이라는 의미를 담고 있다. 이 강연에서 'anthropogenic'은 총 14차례 나오는데 모두 '인위적'으로 번역하였다. 참고로 일본어 번역에서도 '人為的'으로 번역하였고(『人新世の人間の条件』, 46~47

실가스 배출에 책임이 있는 전 세계의 부유층보다 빈곤층에 더 큰 피해가 가는 것이야말로 심각한 문제라고 진단하였습니다.

이후 지구온난화나 기후변화에 관한 대부분의 논의는 책임의 문제를 중심으로 전개되었습니다. 가령 리우지구정상회의Rio Earth Sum mit(1992)와 교토의정서(1997)에서도 기후변화에 대처하는 행동에는 모든 국가와 국민이 "공통적이지만 차별화된 책임common but differentiated responsibilities"을 진다는 원칙이 강조되었습니다.[4] 오늘 저는 이 "공통적이지만 차별화된 책임"이라는 표현에 대해 이야기하려고 합니다. 왜 책임을 달리 해야 하는지는 비교적 쉽게 이해할 수 있습니다. 기후변화는 즉각적으로 문제가 발생하지 않기 때문입니다. 가령 우리가 오늘 온실가스를 배출했다고 해서 당장 그로 인한 고통을 받는 것은 아닙니다. 이산화탄소를 비롯한 온실가스는 상당 기간 대기에 머물러 있기 때문에 우리가 어느 시점에 겪게 되는 고통은 그 이전에, 즉 과거에 배출한 결과입니다. 과거에 배출된 대부분의 온실가스에 대한 책임은 선진국에 있기 때문에, '오염자 부담 원칙'에 따라 부유한 국가들이 기후변화로 인한 손해에 대해 더 많은 비용을 부담해야 한다는 합의가 이루어졌습니다.

쪽), 이신철은 '−genic'의 의미를 살려서 '인위개변적'으로 번역하였다(『행성시대 역사의 기후』, 12~13쪽 등).

4 J. Timmons Roberts and Bradley C. Parks, *A Climate of Injustice: Global Inequality, North-South Politics, and Climate Policy*, Cambridge, MA: MIT Press, 2007, p.3.

"차별화된 책임"이라는 표현은 과학자들의 이야기를 지구화 이야기와 연결시킨 것입니다. 즉, 기후와 지구 과정earth processes의 관계 이야기를 불평등하고 불공정한 세계 자본주의 역사, 지구적global 미디어의 출현, 연결성 등과 연결시킨 것입니다. 이 표현은 기후변화를 지구화 역사의 정점으로 자리매김합니다. 일단 "차별화된 책임"이라는 표현에 대해서는 이 정도로 하겠습니다.

그렇다면 "공통적이지만 차별화된 책임"이라는 원칙에서 **공통**이라는 말은 어떻게 이해하면 좋을까요? 여기서 '공통'이라는 말은, 단지 중국이나 인도와 같은 신흥 강대국들의 책임을 주장하는 부유한 나라들을 달래기 위한 공허한 수사학적 협상 장치에 불과한 것일까요? 아니면 그저 신흥 강대국들의 책임을 미루기 위한 말일까요? 다시 말하면, 신흥 강대국들도 언젠가 책임을 져야 하는데 그것은 그들이 산업화되고 온실가스를 충분히 배출한 **이후**의 일이라는 말일까요? 하지만 다른 한편으로 생각해 보면, 부당하게도 부유층보다는 (책임 문제와 무관한) 빈곤층에 더 큰 영향을 주는 기후변화의 실질적으로 '위험한' 영향을 피하기 위해서는, 지구온난화 문제에 대한 즉각적인 지구적 행동이 필요하다는 인식도 있습니다. 이러한 인식은 1988년에 설립된 '기후변화에 관한 정부 간 협의체IPCC[5]가 1990년부터 정기적으로 보고서를 발표할 때마

5 [역자주] IPCC는 'Intergovernmental Panel on Climate Change'의 약자로, 우리말로는 '기후변화에 관한 정부간 협의체'로 번역되고 있다. 기후변화 문제에 대처하기 위해 세계기상기구(WMO)와 유엔환경계획(UNEP)이 1988년

다 강화되고 있습니다.

행성의 기후변화 문제는 지역이나 지방에서 취할 수 있는 조치들과는 다르기 때문에, 만약 인류가 현재 공유하고 있는 행성의 위기를 다룰 수 있는 '글로벌한 정치적 의지'를 갖지 않는다면, 기후위기를 행성의 문제로서 해결할 수 없다는 데 학자들의 견해가 일치하고 있습니다. 역사학자 존 브룩은 그의 권위 있는 책 『기후변화와 지구사의 여정』의 끄트머리에서 다음과 같이 쓰고 있습니다.

> 새로운 에너지 체제나 시장 체제로 이행하기 위해서 필요한 것은 새로운 법적 틀이다. 만약에 우리가 지구 시스템의 위기에서 벗어날 수 있다면, 그것은 경제 전환의 정치가 충분히 신속하게 전개되어 변화를 가져올 수 있었기 때문일 것이다. … 우리에게 필요한 것, 모든 실용주의자들이 추구하는 것, 비관론자들이 절망하는 것, 그리고 (기후변화)부정론자들이 반역사적이고 반과학적인 이데올로기적 적대감과 견고한 이해관계 및 상당히 희망적인 생각 속에서 거부하고 있는 것은 바로 지구적 해결이다. 우리는 지금 우리에게 닥친 지구 시스템의 위기에 대처할 수 있

에 공동 설립한 국제기구로, 기후변화에 관한 과학적 규명에 기여하고 있다. 전 세계 과학자가 참여하여 작성한 평가보고서(AR: Assessment Report)를 정기적으로 발간하고 있는데, 이 평가보고서는 기후변화의 과학적 근거와 정책 방향을 제시하고 있고, 유엔기후변화협약(UNFCCC)에서 정부 간 협상의 근거 자료로 활용된다. 1990년에 제1차 평가보고서가 나온 이래로 현재 제6차 평가보고서까지 나와 있다. 이상의 설명은 기상청의 《기후정보포털》(온라인)에 나와 있는 'IPCC' 항목을 참고하였다(http://www.climate.go.kr/home/cooperation/lpcc.php).

는 집단적 역량을 보유하고 있다. 그 역량은 정보에 입각한 정치적 의지로 동원되어야 한다.[6]

하지만 지구적 대응은 다양한 이유로 지연되고 있습니다. 가령 유럽이나 북아메리카와 달리, 부패와 환경 오염이 최우선 관심사인 인도 같은 나라에서는 지구온난화가 공적 논의의 대상이 되지 않습니다. 인도 사람들은 지구온난화가 지구화와 맞먹을 정도의 지구적 문제는 아니라고 생각할지 모릅니다.

브뤼노 라투르는 최근에 특유의 풍자적 유머로, 우리는 아직도, 심지어 과학을 부정하지 않는 사람들조차도, '기후 회의론자'처럼 행동하고 있다고 지적하였습니다.[7] 여기에서 저는 기후변화에 대한 지구적 대응이 왜 많은 사람들이 원하는 만큼 실행되지 않는지를 설명하고자 하는 것은 아닙니다. 기후변화는 전형적인 '기존

---

6 John L. Brooke, *Climate Change and the Course of Global History*, New York: Cambridge University Press, 2014, p.558, pp.578~79.

7 Bruno Latour, "Facing Gaia: Six Lectures on the Political Theology of Nature," The Gifford Lectures on Natural Religion, Edinburgh, 18~28 February 2013, p.109. [역자주] 이 강연 원고는 다음 싸이트에서 다운로드 가능하다.
https://www.earthboundpeople.com/wp-content/uploads/2015/02/Bruno-Latour-Gifford-Lectures-Facing-Gaia-in-the-Anthropocene-2013.pdf
이 원고는 2017년에 단행본으로 출간되었다: Bruno Latour, *Facing Gaia: Eight Lectures on the New Climatic Regime* translated by Catherine Porter, Cambridge: Polity, 2017. 아울러 이 책의 일본어 번역본은 다음과 같다: ブルーノ·ラトゥール, 『ガイアに向き合う: 新気候体制を生きるための八つのレクチャー』, 川村久美子 訳, 東京: 新評論, 2023.

의 방법으로는 해결되지 않는 난제'라고 설득력 있게 주장된 적이 있습니다. 즉, 기후변화는 합리적으로 진단할 수 있지만 현실적으로는 해결하기 어려운 문제라는 것입니다. 기후변화가 사악한 문제로 간주되는 이유는 이 문제가 한꺼번에 해결할 수 없는 다른 많은 문제에도 영향을 미치기 때문입니다.[8] 따라서 제 강연의 목표는 "공통적이지만 차별화된 책임"이라는 표현에 들어있는 공통이라는 말에 대해서 여러분과 생각을 나누는 것입니다. 저는 이 말이 "차별화된 책임"이라는 개념보다 훨씬 불분명하다는 점을 지적하고자 합니다. 그 의미가 주어져 있지 않기 때문입니다. 공통이라는 말과 그것의 의미는 라투르적인 의미로 구성되어야 합니다. 저의 이번 강연이 이 '공통'이라는 말을 구성하는 작업에 조금이나마 도움이 되었으면 합니다.

지구화 이야기와 '차별화된 책임'이라는 관념은 이 강연에서 중요하지만, 그것만으로는 불충분합니다. 기후변화의 원인으로 인간을 지목하는 과학자들의 발언을 도덕적 책임과 과실에 대한 격렬한 논의로 전환하는 것은 이해할 수 있지만, 우리가 이 강렬하게

---

8 Mike Hulme, *Why We Disagree about Climate Change: Understanding Controversy, Inaction and Opportunity*, Cambridge: Cambridge University Press, 2009, pp.33~35. 다른 많은 영역들에 적용된 '사악한 문제(wicked problem)'의 일반적인 개념에 관한 사례에 대해서는 다음을 참고하기 바란다: Valerie A. Brown, John A. Harris, and Jacqueline Y. Russell, eds., *Tackling Wicked Problems: Through the Transdisciplinary Imagination*, London: Earthscan, 2010.

정치화되고 필연적으로 단편화된 글로벌the global의 영역을 무시한다면 행성적 집합체planetary collectivity는 결코 구성할 수 없을 것입니다. 그러나 기후 정의의 국제 정치에만 몰두한다고 해서 공통적인 것을 생각할 수 있는 것은 아닙니다. 그러한 정치는 항상 기후변화를 지구화와 그것에 대한 불만으로, 즉 인간의 권력과 불평등이라는 친숙한 주제로 환원시킬 것이기 때문입니다. 클라이브 해밀턴은 최근에 울리히 벡의 논문에 대해서 다음과 같이 적절하게 지적하였습니다.

> 우리가 기후변화를 인간끼리의 권력 관계와 권력 차이의 문제로만 생각한다면 그것에 결코 대처할 수 없습니다.[9]

우리는 다른 곳에서 시작해야 합니다.

1. 시대 의식

이 강연은 지구화 이야기와 기후과학자들이 말하는 지구온난화 이야기는 서로 겹치는 부분도 물론 많지만, 양자를 구분하는 매우 특별한 차이가 있다는 관찰에서 출발합니다. 모든 지구화 이

---

9 Clive Hamilton, "Utopias in the Anthropocene,"(학술대회 발표 원고) The American Sociological Association, Denver, August 17, 2012, p.6. 이 논문을 공유해 주신 해밀턴 교수에게 감사드린다.

야기의 중심에는, 그것을 찬양하든 비판하든 인간이 자리하고 있습니다. 지구화 이야기는 본질적으로 인간 중심적homocentric입니다. 반면에 지구온난화 과학은 행성의 지질학적 역사와 그 행성 위에서 펼쳐지는 생명life의 이야기라는 훨씬 확장된 역사의 캔버스 위에서 인간을 볼 것을 권합니다. 여기에서 '생명'이란 자연적으로 번식하는 생명reproductive life을 의미합니다. 조르지오 아감벤과 한나 아렌트의 아리스토텔레스 재해석에 따르면, **비오스**bios가 아닌 **조에**zoe입니다.[10] 기후과학에 관한 논의의 주된 관심사는 인간이

---

10 비오스와 조에를 대립적으로 보는 아감벤의 아렌트적 독법에 대해서는 아리스토텔레스 연구자들의 비판도 있지만, 이 문제는 일단 괄호에 넣겠다. 이 문제에 대해서는 제임스 고든 핀레이슨의 (다소 심술궂은) 아감벤 비판을 참고하기 바란다. James Gordon Finlayson, "'Bare Life' and Politics in Agamben's Reading of Aristotle," *Review of Politics* 72, 2010, pp.97~126. 특히 다음 구절 "아리스토텔레스가 단순한 삶과 좋은 삶을 구별한 것은 … 조에와 비오스의 의미론적 차이에 의해 포착되지 않는다."(Ⅲ) 아리스토텔레스 연구자인 아드리엘 트롯이 비슷한 점에서 아감벤과 의견을 달리하고 있는 것도 참고하기 바란다. Adriel M. Trott, *Aristotle on the Nature of Community*, Cambridge: Cambridge University Press, 2014, pp.6~7. 실제로 아감벤의 텍스트에서는 '조에'의 의미가 점진적으로 제한되고 있다. 그가 아리스토텔레스의 『정치학』에서 인용한 구절은(pp.7~8), 후자가 '벌거벗은 생명'인 조에 관념으로부터 고통/쾌락의 구분을 표현할 수 없는 생명 형태를 배제하고 있음을 보여준다. 나중에는 아감벤 자신의 텍스트에서(p.8) '조에'는 인간만의 벌거벗은 생명을 나타낸다는 것이 명확해진다. 아감벤이 푸코의 생명정치(biopolitics) 개념을 확장했음에도 불구하고, 내가 '조에' 개념에 포함시키고자 하는 많은 의미들은 여전히 빠져 있다. Giorgio Agamben, *Homo Sacer: Sovereign Power and Bare Life*, Stanford, CA: Stanford University Press, 1998(이태리어 초판은 1995), Ⅰ-Ⅱ. 한편 "생명의 신성함의 원칙은 우리에게 너무나 친숙해서 우리가 윤리적-정치적 개념의 대부분을 빚지고 있는 고대 그리스가 이 원칙을 무시했을 뿐만 아니라, 우리가 '생

아니라 생명입니다. 저는 이러한 관점을 각각 인간 중심적homocentric 세계관과 생명 중심적zoecentric[11] 세계관으로 명명하고자 합니다. 이번 강연은 이 두 세계관을 구별하는 틀을 설정하는 데 시간을 할애하고자 합니다. 다음 강연에서는 "차별화된 책임"이라는 표현과의 관계에서 **공통**이라는 말을 생각할 때, 이 두 세계관을 구별하는 것이 어떤 의미를 갖는지에 대해서 자세히 설명하도록 하겠습니다.

만약에 저 같은 인문학 분야의 역사학자들이, 정치 공간에서 우리를 편가르는 모든 것을 부정하지 않는 상태에서, '공통적인 것'을 구축하는 작업에 기여하고자 한다면 어디서부터 어떻게 시작해야 할까요? 사람마다 다 생각이 다르겠지만, 저는 핵겨울[12]에 대한 공포가 폭넓게 공유되던 시기에 제시되었던 아이디어를 떠올리는

명(life)'이라는 단일 용어로 나타내는 복잡한 의미 영역을 표현하는 용어조차 갖고 있지 않았다는 사실을 잊어버리고 있는 것 같다"는 아감벤의 언급도 참고하기 바란다(p.6) 로지 브라이도티는 비오스를 "전통적으로 안트로포스를 위해 비축해 놓은 생명의 일부"로, 조에는 "보다 넓은 범위의 동물과 비인간의 생명," "생명 그 자체의 역동적인 자기조직화 구조", "생성적 활력"으로 각각 지칭한다. Rosi Braidotti, *The Posthuman*, Cambridge: Polity, 2013, p.60. [역자주] 우리말 번역은 로지 브라이도티, 『포스트휴먼』, 이경란 옮김, 아카넷, 2015, 82쪽.

11 [역자주] 여기에서 '생명'으로 번역한 말의 원어는 bios나 life가 아니라 zoe이다. 이하에서도 '생명 중심적'이라고 번역할 때의 '생명'은 zoe를 가리킨다.

12 [역자주] '핵겨울(Nuclear winter)'은 미국의 천문학자 칼 세이건(Carl Sagan) 등에 의해 제창된 가설로, 핵전쟁으로 지구에 대규모 환경변화가 발생하여 인위적으로 빙하기가 발생하는 현상을 말한다.

데에서 시작하고자 합니다. 제가 염두에 두고 있는 것은 독일의 철학자 칼 야스퍼스의 **시대 의식**epochal consciousness 개념입니다.

야스퍼스를 선택한 것은 결코 자의적이지 않습니다. 그의 '시대 의식' 범주는 지금 제가 말하려는 내용과 두 가지 점에서 관련이 있습니다. 첫째, 시대 의식에 대한 야스퍼스의 생각은 특정 전통, 주로 독일의 "인류 전체를 역사철학의 대상으로 삼는" 전통에서 유래하고 있습니다. 둘째, 야스퍼스가 이 범주를 고안한 이유는 현실 정치의 공간을[13] 배제하지 않는 사유 형태를 찾기 위해서이고, 그럼에도 불구하고 그가 '전(前)-정치적prepolitical'이라고 상상한 사유 공간, 즉 원근법적이고perspectival 윤리적인 공간을 창조했다는 사실입니다. 여기에서 '전-정치적'이라는 말은 특별한 의미를 지닙니다. 그것은 정치적 삶의 분열을 비난하거나 부정하거나 매도하지 않으면서 정치나 **정치적 사고 이전에**before 오는 것으로서, 말하자면 '정치적인 것' 앞에 있는 것pre-position으로서 자신을 자리매김하려는 의식 형태입니다. 다시 말하면, 저의 사고 실험의 배후에 있는 질문은 이렇습니다. 우리가 위험한 기후변화로 인한 불평등하고 불균등한 위기에 직면해 있을 때, 경쟁적이고 충돌하는 행동에 영향은 주지만 결정하지는 않는, 그러한 공통의 시점을 구축하는 것이 과연 가능할까요?

---

13 야스퍼스의 경우에 이 '공간'은 '냉전 공간'을 의미한다.

야스퍼스는 그의 책 『근대의 인간』에서[14] '시대 의식' 개념은 유럽의 지식인들이 "1세기 이상" 고민해 온 문제라고 하였습니다. 그리고 그것이 "인류 위기의 심각성이 모두에게 알려진 1차 대전 이래로"[15] 긴급하게 부상한 문제라고 덧붙였습니다. 야스퍼스는 시대 의식의 맥락을 다음과 같이 설명하고 있습니다.

> 인간은 단지 존재하고 있을 뿐만 아니라 자신이 존재한다는 사실을 알고 있다. 완전한 자각 상태에서 자신의 세계를 탐구하고 자신의 목적에 맞게 그것을 변형한다. 이들은 '자연의 인과'에 개입하는 법을 습득해 왔다. … 인간은 단지 존재하고 있음을 인지할 수 있을 뿐만 아니라 스스로가 무엇으로 존재해야 할지를 자유롭게 결정할 수 있다.[16]

따라서 시대 의식은 "근대적인" 현상이고, 인간이 "자연의 인과 법칙natural causation에 개입"하는 능력을 터득한 후에야 비로소 가능한 현상입니다. 그러나 명심해야 할 것은 시대 의식은 의식의 한 형태로, 관념적 실체이자 사고의 산물이라는 사실입니다. 야스퍼스의 말을 빌리면, "인간은 정신mind이고, 인간으로서 인간의 상

---

14 이 책은 1931년에 독일어로, 1933년에 영어로 각각 출간되었다.

15 Karl Jaspers, *Man in the Modern Age*, translated by Eden Paul and Cedar Paul, New York: Henry Holt and Company, 1933, p.1. [역자주] 참고로 이 책의 일본어 번역에서는 'epochal consciousness'을 '획기적 의식'이라고 번역하였다(カール・ヤスパース, 『現代の精神的状況』, 飯島宗享訳, 東京: 理想社, 1971, 13쪽). 그리고 『행성시대 역사의 기후』의 한글 번역서에서는 '신기원의 의식'으로 번역하였다.

16 Karl Jaspers, *Man in the Modern Age*, p.4.

황은 정신적 상황"입니다.[17] 즉, 시대 의식은 누구나 자연스럽게 도달하는 곳이 아니라, 특정한 사고의 경로를 따라가야 차지할 수 있는 자리입니다.

야스퍼스를 좀 더 따라가 보겠습니다. 야스퍼스에 의하면, 예전부터 존재해 온 "초월적"이고 보편적인 역사 개념, 가령 그리스도적, 유대교적, 혹은 이슬람적 역사 개념이 "몇 세대에 걸쳐" 계승되어 오다가 16세기에 이 연쇄의 연속성이 "인간 생활의 의도적 세속화"에 의해 단절되었습니다. 이것이 유럽에 의한 글로브globe 지배 과정의 시작입니다.

> 그것은 발견의 시대였다. 전 세계의 모든 바다와 육지가 알려지게 되었다. 새로운 천문학이 생겨났고, 근대 과학이 시작되었으며, 위대한 기술 시대가 열렸고, 국가 행정이 국유화되었다.[18]

프랑스 혁명은 아마도 철학자들의 저작에서 시대 의식이라는 형태로 표현된 최초의 사건일 것입니다. 이 혁명은 "이성이 인간사회의 잡초라고 인식했던 모든 것을 무자비하게 뽑아내어 불길에 던진 후에, 합리적 원칙에 따라 삶을 재건하자는 결의가 원동력이 된 최초의 혁명"이었습니다.[19] 야스퍼스는 "인간을 해방하려는 결

---

17 위와 같음.

18 Karl Jaspers, *Man in the Modern Age*, p.6.

19 Karl Jaspers, *Man in the Modern Age*, p.7.

의가 자유를 파괴하는 테러로 발전했음에도" 불구하고[20], "[실존existence이][21] 의도적으로 수정될 수 있고 마음의 욕망에 가깝게 재구성될 수 있기 때문에, 혁명이라는 사실이 인간으로 하여금 장차 스스로 책임져야 할 실존의 토대를 불안해"하게[22] 만들었다고 서술했습니다. 그는 이 다양한 형식의 시대 의식을 담당한 사람들의 예로서 칸트, 헤겔, 키에르케고르, 괴테, 토크빌, 스탕달Stendhal, 니부어Niebuhr, 탈렐랑Talleyrand, 마르크스, 그리고 특히 니체를 언급했습니다.[23] 물론 이 시대 의식의 담당자 목록에는 마틴 하이데거나 한나 아렌트를 비롯한 20세기의 다른 인물들도 추가될 수 있습니다. 따라서 각각의 경우에 시대 의식은 인간이 집단적이고 주권적인 행위자agent로서 자신을 세상에 투영시키는 인지 능력perceived capacity에 관한 물음과 관련되어 있음을 알 수 있습니다.

시대 의식은 사고의 형식일 뿐만 아니라 글쓰기의 장르이기도 합니다. 왜냐하면 그 형식은 시대 의식을 해결하고자 하는 문장에서만 완전한 형태로 표현될 수 있기 때문입니다. 가령 야스퍼스는

20 Karl Jaspers, *Man in the Modern Age*, p.7.

21 [역자주] [ ] 부분은 원저자가 보충한 말이다.

22 Karl Jaspers, *Man in the Modern Age*, p.8.

23 야스퍼스는 자신의 『근대의 인간』보다 먼저 시대 의식의 형식을 나타낸 두 권의 책으로 발터 라테나우의 『시대 비판』(1912)과 오스발트 슈펭글러의 『서구의 몰락』(1918)을 언급했다. Karl Jaspers, *Man in the Modern Age*, pp.8~16. [역자주] 『시대 비판』의 원저는 Walther Rathenau, Zur Kritik der Zeit, Berlin: Fischer Verlag, 1912이고, 『서구의 몰락』의 우리말 번역서는 다음과 같다: 박광순 옮김, 『서구의 몰락(1~3)』, 범우사, 1995; 양해림 옮김, 『서구의 몰락』, 책세상, 2019.

『원자폭탄과 인간의 미래』(1958)에서 당시의 지배적인 모티브를 요약한 역사적 진술들을 비판적으로 고찰함으로써 한 시대를 포착하고자 했습니다. 그의 첫 문장은 우리 시대의 근본적인 선택을 극적으로 표현하는 데 사용될 수 있습니다.

> 원자폭탄으로 인해 완전히 새로운 상황이 발생했다. 모든 인류가 물리적으로 멸망하든지, 아니면 인간의 도덕적·정치적 조건에 변화가 생길 것이다. 이 책은 우리가 두 개의 환상 중에서 무엇을 선택해야 할지를 명확히 하려는 시도이다.[24]

여기에서 '원자폭탄'을 '지구온난화'로 바꿀 수 있는데, 야스퍼스의 지적대로 두 결말 모두 환상fantasies이라는 사실을 기억해야 합니다. 그러나 그는 이러한 환상이 새로운 "인간의 도덕·정치적 조건"으로 나아가기 위해서 필요하다는 점을 분명히 했습니다. 저는 이 강연에서 야스퍼스와의 차이점을 지적하고 그의 의견에 반론을 제기하겠지만, 일단은 그의 의견을 따라가 보겠습니다.

야스퍼스에 따르면, 시대 의식을 다루기 위해서는 그가 **분과적**departmental이라고 불렀던 사고 양식, 즉 학문적으로 전문화된 학

---

24 Karl Jaspers, *The Atom Bomb and the Future of Man*, translated by E. B. Ashton, Chicago: University of Chicago Press, 1963, p.vii. 이보다 먼저 1961년에 *The Future of Mankind* 라는 제목으로 출판되었고, 독일어 원서는 1958년에 출판되었다. [역자주] 한글 번역서로는 김종호·최동희 공역, 『原子彈과 人類의 未來(上)』, 사상계, 1963, 6쪽(「저자의 머리말」)이다. 참고로 동일한 번역서(상하 2권)가 1972년에 문명사에서도 간행되었다. 이하의 한글 번역 쪽수는 먼저 나온 1963년판에 의한다.

과적 사고로부터 거리를 두는 새로운 사고 양식이 요청됩니다. 시대 의식은 역사적 시간의 한 조각을 통째로 소화하려 하기 때문에, 야스퍼스가 말하는 **분과적 입장**에서는 결코 이해될 수 없습니다. 그는 다음과 같이 쓰고 있습니다.

> 이 책의 목적은 '분과적 입장', 즉 학문 분야로서의 철학의 관점을 취하려는 것이 아니다. 분과를 넘어서 있는 인간의 일부분에 대해서 말하고자 한다. 과학에는 특정 분야가 있고, 행정에는 조직된 부처가 있으며, 정치에는 다양한 전문가가 존재한다. 우리는 학문에서 특정한 분야를, 행정에서 조직된 부서를, 정치에서 다양한 전문가를 보유하고 있다. 우리는 전문 지식의, 전문적 입장의, 공식적 입장의, 단체와 국가를 이루는 구성원의 권위에 따른다. 그러나 모든 구분은 전체의 통일을 **전제로 한다**. 분과의 의미는 제한되어 있다. 그것들을 묶는 전체는 그것들의 유효 영역도 제한한다. 그것은 각 분과들의 원천이자 목표이다. 전체는 모든 사람에게 공통적이지만 그 누구에게도 속하지 않는다.[25]

야스퍼스는 한 걸음 더 나아가서, 이러한 비분과적(즉, 비전문화된) 사고는 지구적 문제를 각자의 관점에서 설명하는 전문가의 견해를 듣는 일반 "청자나 독자"의 관점에서 가장 잘 이해된다고 설명합니다. "물리학자, 생물학자, 군인, 정치가, 신학자"와 같은 전문가들은 각각 "자신의 전문 분야를 벗어나면 무능하다고 선언"하

25 같은 책, p.9. 강조는 인용자의 것. [역자주] 『原子彈과 人類의 未來(上)』, 제1장 「새로운 사태」, 32~33쪽.

지만, 일반 "청자나 독자는 … 그들 모두를 가능한 한 이해한 상태에서 그들의 주장을 검토하며, 종합적 통찰을 얻은 뒤에 자기 나름대로 종합적 기준으로 판단하기" 때문입니다. 그러나 야스퍼스는 "이렇게 완전한 인간은 어디에 있는가?"라고 물은 뒤에, "그 사람은 강의하는 전문가를 포함한 모든 개인이다"라고 답하였습니다.[26] 하지만 이 일반 독자 또는 완전한 인간이 경험적인 "모든 개인"은 아닙니다. 야스퍼스 자신이 인정하듯이, 그가 책을 집필하던 당시에도 "모든 개인"이 원자폭탄에 대해 논의하고 싶어 했던 것은 아닙니다. 마치 오늘날 행성의 기후 위기가 아무리 중대하더라도 모두가 이 문제의 긴급성을 느끼는 것은 아닌 것처럼 말입니다. 야스퍼스는 원자폭탄에 의해 야기된 위기를 성찰하면서 다음과 같이 썼습니다.

> 지금 이 순간 여기에서 아직은 심각하지 않기에, 우리는 우리와 무관하다는 듯이 무시해 버린다. 마치 암 환자가 암을 잊어버리거나, 건강한 사람이 죽음을 잊어버리거나, 파산자가 빈곤을 잊어버리는 것처럼 말이다. 이것이 우리가 원자폭탄에 대응하는 방식인가? 우리의 실존의 지평을 가리고 아무 생각없이 그럭저럭 사는 것인가?[27]

---

26 같은 책, p.10. [역자주] 원서에는 쪽수가 p.16으로 되어 있는데 p.10의 오류이다. 한글 번역서로는 『原子彈과 人類의 未來(上)』, 제1장 「새로운 사태」, 35쪽.

27 [역자주] 같은 책, pp.5~6. 『原子彈과 人類의 未來(上)』, 제1장 「새로운 사태」, 25쪽.

다소 조급하고 화나 보이는 질문임에 틀림없지만, "모든 사람"의 시대 의식이 모든 경험적인 개인이 아니었음을 인정할 수밖에 없었던 질문이었습니다. 그럼에도 불구하고 야스퍼스는 상상된 일반 청자나 독자의 입장에서 출발하면서, 그것을 다루는 사유 형태를 만들어 내려고 노력하였습니다. "분과적 사고의 한계"와 "전체와 관련되고 모두에게 달려있는 문제의 존재"에 대해서 생각하는 데 자기 자신도 동참했습니다.[28]

야스퍼스가 생각한 시대 의식의 또 다른 중요한 특징은 부정적인 측면입니다. 그것은 해결책을 찾는 데 중점을 두지 않습니다. 이런 사고는 "결론의 여지rest를 주지 않고서 인간에게 주어졌다granted"고 야스퍼스는 말합니다. 그래서 그것은 "해결 불가능이라는 긴장 속에서 견딜 것이 요구되기 때문에 체력을 필요로 합니다." 해결 불가능이라는 긴장을 감내해야 하기 때문입니다."[29] 그 이유는 그것이 철학에 끼치는 영향은 "단순히 학문적인 (즉, 분과적인 또는 전문 분야에 기초한) 훈련의 문제가 아니라 진정한 인간으로서, 합리적 존재로서의 인간의 현실"이기 때문입니다.[30] 저는

---

28 같은 책, p.10. [역자주] 원서에는 쪽수가 p.16으로 되어 있는데 p.10의 오류이다. 한글 번역서로는 『原子彈과 人類의 未來(上)』, 제1장 「새로운 사태」, 35쪽.

29 같은 책, p.10, p.12. [역자주] 인용된 구절은 p.10에는 없고 p.12에만 나온다. 한글 번역서로는 『原子彈과 人類의 未來(上)』, 제1장 「새로운 사태」, 38쪽.

30 같은 책, p.12~13. [역자주] 인용된 구절은 p.13에 나온다. 한글 번역서로는 『原子彈과 人類의 未來(上)』, 제1장 「새로운 사태」, 40쪽.

야스퍼스가 합리성을 "진정한 인간"의 특징으로 규정한 점에 반론을 제기하겠지만, 일단은 그의 사상의 논리적 결말까지 따라가 보겠습니다.

시대 의식은 시대적 위기에 대한 해결책을 제시하는 기능을 담당할 수 없습니다. 왜냐하면 시대적 문제에 대한 모든 가능한 구체적 해결책은 부분적 혹은 분과적일 것이기 때문입니다. 중요한 분과의 하나는 정치이고, 그것은 정치인들의 전문 분야입니다. "순수한 정치적 사고"는 상충하는 이해를 계산하고 수정하며 전략화하는 사고인데 "극단적 상황"에서는 어쩔 줄 모릅니다. 이런 상황에서는 극단(가령, 핵겨울의 가능성)에 의해 변화를 맞이하는 "인간의 결심"이 필요하게 됩니다. 이러한 결심은 "정치를 초월한 어떤 것", 즉 야스퍼스가 윤리적이지만 목표 지향적이지 않으며 초-정치적이고 합리적이라고 한 것에서만 나올 수 있습니다.[31] 왜냐하면 야스퍼스에 의하면 이것이 인간의 본질이기 때문입니다. 이것을 신뢰하지 않는 것은 "인간에 대한 신뢰"를 잃는 것입니다.[32] 시대 의식은 궁극적으로 윤리적입니다. 그것은 지구적 위기의 순간에 우

31 [역자주] 같은 책, p.23. 『原子彈과 人類의 未來(上)』, 제2장 「새로운 사태에 대한 최초의 정치적 사유」, 59쪽.

32 같은 책, p.23, p.25, p.26, p.316. [역자주] 저자의 이 주석은 이 단락의 넷째 줄부터 시작되는 나오는 "순수한 정치적 사고"부터 "인간에 대한 신뢰"까지에 해당하는 주석인데, "인간에 대한 신뢰" 이전의 인용문은 모두 p.23에만 나온다(바로 앞의 [역자주] 참조). "인간에 대한 신뢰" 부분에 해당하는 원문은 찾지 못했다.

리가 숙고하는 세계에 대해 어떠한 태도를 취할 것인가에 관한 것입니다. 그것은 우리의 행동 지평을 지탱하는 것입니다.

야스퍼스는 우리가 마치 신이 된 것처럼 "전체에 대한 이미지를 구축할 수는 있지만, 역사적으로 또는 지금 이 순간에 그 전체가 실제로 무엇인지 알 수 있다고 생각하는 것은 오류"임을 잘 알고 있었습니다. "시대를 보는" 방식을 어떻게 선택하든, 그것은 우리가 얻을 수 있는 여러 관점 중의 하나입니다. 사람은 결코 자기 자신이 상상하는 전체의 바깥에 있지 않습니다. 야스퍼스는 그 이유를 다음과 같이 밝혔습니다.

> 전체를 이해하려는 나의 원초적 충동은 전체가 조각들로 부서지는 필연적 경향성에 의해 난파될 운명이었다. 그래서 부분적인 조망과 배열의 조각들을 가지고 역으로 쌓아 올라가서 전체를 재구축하고자 한다.

그러나 야스퍼스는 동시에 "이러한 안티테제를 지나치게 절대적인 형태라고 생각하는 것은 옳지 않다"고 경고하였습니다. 왜냐하면 전체는 발견적 장치[33]이기 때문입니다. 우리는 전체를 사용하여 특수한 사항에, 특히 분과적 사고에 몰두하는 폐단을 넘어설 수 있습니다. 이는 "사물의 본질에 다가가려는 노력"의 한 방법입니

---

33 [역자주] '발견적 장치(heristic device)'는 사회적 현상이나 물리적 현상을 생각하는 데 도움이 되는 추상적 개념이나 모형을 말한다. 모형은 모형화하는 대상과 동일하지 않다. 그렇기 때문에 모형은 무엇을 모형화하고 있는지 이해하거나 지식을 얻고자 할 때 도움이 되는 장치, 즉 발견적 장치로 기능한다.

다.[34] 그러나 전체에 대한 개인의 이미지가 정치로 다시 전락할 위험성 때문에 언제나 조각들로 부서진다면, 다시 말해 전체에 대한 나의 이미지가 그 자체로 정치적이라는 혐의를 받기 쉽다면, 이것은 '시대 의식' 관념이 얼마나 위태롭게 자리하고 있는지를 보여주는 것입니다. 즉, 시대 의식은 우리가 공통적인 것을 구성해야 할 긴급한 상황에 직면했을 때의 사고 실험입니다. 그러나 그것은 정치적인 것에 사로잡혀 당파적인 것이 될 위험이 있는 개념적 투쟁이기도 합니다. 이것은 시대 의식을 향해 나아가는 사람이라면 감수할 수밖에 없는 위험입니다.

2. 세계에서 글로브 또는 행성으로

시대 의식 관념에 대해서는 다음 강의에서 다시 논의하도록 하겠습니다. 제2강에서는 기후변화의 위기, 즉 인류세 시대가 어떻게 인간의 조건을 근본적으로 변화시킬 것인가에 대해서 좀 더 말씀드리고자 합니다. 그러기 위해서 먼저 두 가지 구분을 하고자 합니다. 하나는 **인간 중심적**homocentric세계관과 **생명 중심적**zoecentric

---

34 "개인의 실제 상황과는 대조적으로 일반적으로 이해된 모든 상황은 추상화(abstraction)이다. … 그러나 상황들의 이미지는 무엇이 일어나고 있는지 그 근원을 찾도록 자극을 주는 자극제이다." Karl Jaspers, *Man in the Modern Age*, pp.28~31.

세계관의 구분이고, 다른 하나는 영어로는 의미가 같은 라틴어 **호모**homo와 그리스어 **앤트로포스**anthropos 사이의 실용적이고 인위적인 구분입니다. 저는 이 실용적인 구분이 당면한 논쟁에 유용하리라 생각합니다.

냉전의 시작에서부터 1989년 베를린 장벽 붕괴에 이르기까지, 세계적인 유럽 이론가들의 저작에서 다루어진 시대적 주제는 다음과 같습니다.

(a) 지구(earth)의 유럽화의 종언
(b) 획일적인 문화를 촉진하는 기술의 위험성(기술이 인간성을 뽑아버린다는 생각)에 대항할 수 있는 다(多)문명적인 포스트-유럽적 세계의 구축 문제
(c) 인간의 거주 공간으로서의 행성(planet) 또는 글로브(globe) 또는 **전체 지구**(whole earth)의 출현

이 주제들 가운데 일부는 현대의 지구화 논의로 이어져 왔습니다. 하지만 주목할 만한 차이가 있습니다. 지구화와 탈식민주의 이론에 관한 문헌들은 대부분 유럽 지식인들, 특히 독일 지식인들의 세계사적 의식에 수반된 특정한 공포에 대항하기 위해 쓰여졌습니다. 하이데거, 야스퍼스, 가다머, 슈미트와 같은 사상가들은 모두, 제국주의의 비호 아래에서 세계를 하나로 묶었던 유럽의 통제권이 상실되면 오직 기술만이 세계를 아우르게 되고, 그로 인해 세계 문화의 지루한 획일성을 초래하여 인류를 고향상실homeless의

상태로 만들 수 있다고 우려했습니다. 바로 여기에 그들이 하나같이 유럽이 세계의 지방province에 불과하게 된 시기를 확정하는 데 관심을 가졌던 이유가 있습니다. 제가 사용한 "유럽을 지방화하기"라는 표현은[35] 실은 한스-게오르그 가다머가 1977에 쓴 산문에서 유래하고 있습니다. 그는 이 글에서 유럽은 이미 1914년부터 "지방화되었다"라고 하였습니다. 그래서 유럽은 오직 '자연과학'의 영역에서만 하나의 실체로서 우위에 설 수 있었습니다.[36] 야스퍼스도 1931년에 비슷한 감상을 표명하였습니다.

> 수천 년에 걸쳐 문명이 분리되고 심지어 분산된 길을 따라 발전한 후에, 지난 4세기 반 동안 유럽의 세계 정복이 이루어졌고, 그것은 지난 100년 사이에 완결되었다. … 그러나 오늘날 우리는 이 팽창의 세기가 완전히 끝났음을 느끼고 있다.[37]

한편 슈미트는 자신의 저서 『대지의 노모스』에서 지정학적 유

35 [역자주] "유럽을 지방화하기(provincializing Europe)"는 차크라바르티가 2000년에 쓴 저서의 제목이다: Dipesh Chakrabarty, *Provincializing Europe: Postcolonial Thought and Historical Difference*, Princeton, N.J.: Princeton University Press, 2000. 이 책은 우리말로도 번역되었다: 디페시 차크라바르티, 『유럽을 지방화하기: 포스트식민 사상과 역사적 차이』, 김택현·안준범 옮김, 그린비, 2014.

36 Hans-Georg Gadamer, "Martin Heidegger," *Philosophical Apprenticeships*, translated by Robert R. Sullivan, pp.45~54, Cambridge, MA: MIT Press, 1985(독일어 초판은 1977), p.45.

37 Karl Jaspers, *Man in the Modern Age*, p.18.

럽중심주의의 쇠퇴를 1914년 이전으로 규정하였습니다. 그가 보기에 16세기에 시작된 유럽중심적인 세계 구축의 죽음, 즉 **유럽 공법** jus publicum Europaeum의 죽음은 19세기에, 구체적으로는 나폴레옹 전쟁의 종결(1815년), 먼로주의Monroe Doctrine의 도입(1823년), 그리고 20세기로의 전환을 전후에서 일본이 강대국으로 부상하는 사이에 일어났습니다. 슈미트는 "유럽중심적 세계 질서가 아닌 새로운 세계 질서로의 이행은 동아시아 강대국의 참여와 함께 시작되었다."[38]라고 썼습니다.

하이데거에서 아도르노에 이르는 다수의 독일 사상가들에게는 '대중적 인간mass-man'의 획일적 모습이라는 근대성의 악몽이 따라다녔습니다. 여기에서 다시 야스퍼스가 1931년에 한 말을 인용해 보겠습니다.

> 우리 행성이 통일되면서 사람들이 공포에 떨며 지켜보는 평준화 과정이 시작되었다. 우리 인간 종에게 이미 일반화된 것은 인간의 가능성 가운데 항상 가장 피상적이고 가장 사소하며 가장 무관심한 측면이다. 그럼에도 불구하고 사람들은 이 평준화를 이루려고 노력하고 있다. 마치 그렇게 하면 인류의 통일이 이루어질 수 있는 것처럼 말이다. … [영화에서는] 사람들이 똑같은 옷을 입는 모습을 [보여준다]. 일상적인 교류 관

38 Carl Schmitt, *The Nomos of the Earth in the International Law of the Jus Publicum Europaeum*, translated and annotated by G. L. Ulmen, New York: Telos Press, 2006, p.191과 Part 3. [역자주] 한글 번역으로는 칼 슈미트, 『大地의 노모스: 유럽 公法의 국제법』, 최재훈 옮김, 민음사, 1995, 223쪽.

> 례는 만국 공통이 되었다. 예컨대 같은 춤, 같은 유형의 사고, 그리고 같은 유행어(계몽주의·영미 실증주의·신학적 전통에서 파생된 혼합물)가 전 세계에 퍼지고 있다.[39]

야스퍼스는 "기술화는 나아갈 수밖에 없는 길"[40]이라고 인정하였습니다. 하지만 기술로 인해 사람들이 자신의 문화로부터 분리될 것이라는 두려움은 있었습니다. 그는 "역사적 문명과 문화는 그 뿌리로부터 분리되어, 기술-경제적 세계와 공허한 주지주의에 합병되었다"고 우려했습니다.[41] 야스퍼스는 이 우려를 약 25년 후에 쓴 원자폭탄에 관한 저서에 반영하였습니다.

> 우리 인간은 점점 각자의 신앙 기반 위에서 만나는 일은 줄어들고, 우리의 존재가 뿌리 뽑히는 공통의 소용돌이에서 만나는 일이 늘어나고 있다. 기술과 그것의 결과는 모든 오래된 전통적 삶의 방식에 대해서 처음에는 파괴적이다.[42]

하이데거는 1966년에 있었던 『슈피겔Spiegel』과의 유명하면서 악명높은 인터뷰에서[43] 야스퍼스와 마찬가지로 "기술은 사람들을

---

39 Karl Jaspers, *Man in the Modern Age*, p.87.

40 Karl Jaspers, *Man in the Modern Age*, p.213.

41 같은 책, p.88.

42 Karl Jaspers, *The Atom Bomb and the Future of Man*, p.74. [역자주] 『原子彈과 人類의 未來(上)』, 제6장 「식민주의의 종언」, 151쪽.

43 [역자주] 이 인터뷰가 중요한 이유는 다음과 같다. 하이데거는 1933년 프라이부르크 대학 총장으로 취임하는 등 나치에 부역한 혐의를 받고 있었는데,

대지에서 떼어내어 뿌리째 뽑아 버린다."라고 주장하였습니다.[44] 또한 가다머는 (그 누구도 베를린 장벽이 무너지라고는 상상하지 못했던) 1983년에 "유럽 인문학의 미래"에 관한 글에서, 자본주의 시장과 기술의 확산이 세계의 통일로 이어질 것인지, 아니면 그 반대가 될 것인지에 대한 궁금증을 표명했습니다.

> 산업혁명의 지속이 유럽의 문화적 분절(articulation)을 평준화하고 표준화된 세계 문명의 확산으로 이어질 것인가? … 아니면 … 역사는 바벨탑을 건설한 이래 인류의 본질적 특징이었던 모든 파국, 긴장, 다양한 차이를 지닌 역사로 남게 될 것인가?[45]

가다머는 여기에 다음과 같이 덧붙였습니다.

> "현대 산업 세계가 인간을 위협하고 있는 고향상실의 상태"는 인간으로 하여금 "고향을 찾아 나서게" 할 뿐이며, 이는 결국 "파국과 긴장"이

이에 대해 어떠한 공식적 입장도 표명하지 않다가 1966년 9월 23일에 『슈피겔』과의 인터뷰에서 처음으로 자신의 입장을 밝혔다. 아울러 이 인터뷰에서 자신의 후기 철학의 중심 문제인 기술, 사유, 시 등에 대해서도 논의하였다.

44 Benjamin Lazier, "Earthrise; or, The Globalization of the World Picture," *American Historical Review*, June 2011, p.609에서 재인용. [역자주] 이 논문은 이하의 사이트에서 다운로드할 수 있다: https://academic.oup.com/ahr/article/116/3/602/41701?login=false

45 Hans-Georg Gadamer, "The Future of the European Humanities," in Hans-Georg Gadamer, *On Education, Poetry, and History: Applied Hermeneutics*, translated by Lawrence Schmidt and Monica Reuss, edited by Dieter Misgeld and Graeme Nicholsonm, Albany: State University of New York Press, 1992, p.200.

라는 매력 없는 길로 이어질 수 있다. 지구화된 세계의 "진정한 과제는 인간 공존의 영역에 있는데", 그것이 실현되기 위해서는 각각의 문화가 진정한 정체성을 확보할 필요가 있다. 왜냐하면 "힘이 있는 곳에서만 관용이 있기" 때문이다.[46]

이러한 주제들은 탈식민주의 비판과 지구화에 관한 연구서가 나오기 이전의 지성사를 구성하고 있습니다. 그리고 야스퍼스의 『원자폭탄과 인류의 미래』와 동 시기에 나온 칼 슈미트의 『대지의 노모스』에도 등장하는 주제들입니다. 그러나 슈미트는 한때 대지에 구속되었던 **노모스**가 변화하는 이야기를 합니다. 그 이야기에서 **노모스**에 대한 어떤 역사적 방향 전환은 유럽의 확장과 함께 시작되는데, 그 과정은 결국 행성planet을 글로브globe로 보는 시각을 만들어 냈습니다. 유럽인들이 해양 진출과 함께 심해를 탐험하고 "정복"하게 되자[47] **노모스**는 점차 대지의 구속에서 벗어나게 되었습니다. 이 과정에서 법철학적 사유의 지적인 차원에서 '이어야 한다'와 '이다'의 분리, 즉 **노모스**nomos와 **피시스**physis의 분리가 발생하였습니다. 슈미트는 "세계 최초의 **노모스**는 약 500년 전에 대양大洋이 열렸을 때 파괴되었다"고 주장하였습니다.[48] 항공 여행의 도

46 Hans-Georg Gadamer, "The Future of the European Humanities," pp.206~7.

47 대규모 심해 포경의 역사는 이것을 보여주는 하나의 지표일 수 있다.

48 Carl Schmitt, *The Nomos of the Earth*, p.352. [역자주] 이 부분은 원서에는 부록으로 되어 있는데, 한글 번역서에는 들어있지 않다.

래, 나아가서는 우주 시대의 개막은 **노모스**와 **피시스**의 분리를 확대할 뿐이며[49], 장차 인간에게는 두 가지 선택지가 남아있을 뿐입니다. "고향상실"을 느끼든가(글로브는 그 누구의 고향도 아니기 때문에), 아니면 모든 인간이 기술적으로 통합된 세계에서 행성을 자신의 고향이라고 여기며 살든가 입니다. 슈미트는 바다가 대지와 마찬가지로 분할 가능해짐에 따라 양자의 구분이 파괴되면서, "전 세계, 즉 우리 행성은 … 착륙장이나 공항, 원자재 창고, 우주여행의 모선mother ship"이 되었다고 생각했습니다. 그러나 그것은 "대지earth의 새로운 **노모스**"라는 물음을 전례없이 더욱 강력하게 제기했을 뿐입니다. 슈미트는 자본주의와 사회주의의 '냉전'에 휘말린 양극화 시대에 책을 집필하면서, 이 투쟁의 승자 또는 승자들에 의해 실현되는 "궁극적이고 완전한 세계 통일"에서 하나의 가능한 미래를 보았습니다.[50]

역사학자 벤자민 레이지어는 2008년에 『미국 역사 학보』에 쓴 논문에서, 이와 같은 역사적 사유는 그리고 역사 서술 방식은 실로 어휘의 범람lexical spill을 특징으로 한다고 서술하였습니다. 실제로 최근의 앨리슨 베쉬포드나 조이스 채플린의 저작에서 볼 수 있듯이, 세계사world histories에서 지구사global histories로, 지구사에서 다시 행성적 관심사로 나아가고 있습니다.[51] 물론 세계world, 글로브

---

49 흥미롭게도 가다머와 슈미트는 모두 이 점에 대해 동의하고 있는 것 같다.

50 같은 책, pp.354~55.

51 Benjamin Lazier, "Earthrise"; Alison Bashford, *Global Population:*

globe, 행성planet과 같은 용어들이 안정된 실체는 아닙니다. 세계사world history는 한때 지구사global history처럼 보였지만, 1990년대에 지구화 현상으로 역사학자들은 새로운 물음을 던졌습니다. 가령 마이클 가이어와 찰스 브라이트는 1995년에 '세계사'를 '지구 시대'에 맞춰야 하는지를 물었고, 브루스 매즐리시는 1991년에 쓴 중요한 논문에서 글로벌global이라는 말이 세계world라는 말에 완전히 포함될 수 있는지를 물었습니다.[52]

저는 이와 유사한 불안정성이 **행성적**planetary이라는 단어에도 나타났다고 주장합니다. 즉 지구화 관련 문헌에서는 연구자들이 **글로브**globe와 **행성**planet을 동의어로 사용하다가, 기후변화에 관한 문헌으로 옮겨가는 과정에서 흔들리게 된 것입니다. 예를 들어 슈미트의 고전 『대지의 노모스』에서 발췌한 글에서 **글로브**globe와 **행성**planet 또는 **글로벌**global과 **행성적**planetary의 용례를 살펴봅시다. 아마도 슈미트는 이렇게 썼을 것입니다.

History, Geopolitics, and Life on Earth, New York: Columbia University Press, 2014; Joyce Chaplin, *Round about the Earth: Circumnavigation from Magellan to Orbit*, New York: Simon and Schuster, 2012.

52 Michael Geyer and Charles Bright, "World History in a Global Age," *American Historical Review* 100, October 1995; Bruce Mazlish, "Comparing Global History to World History," *Journal of Interdisciplinary History* 28, no.3, Winter 1998. [역자주] 브루스 매즐리시(1923~)는 저명한 지구사(global history) 연구자이다. 대표적인 관련 저서로 *The Global History Reader*, New York: Routledge, 2004와 *The New Global History*, New York: Routledge, 2006 등이 있다.

새로운 지구적(global) 지리 개념에 따라 지구(earth) 전체를 분할하려는 국제법상의 첫 시도들이 1492년 직후에 시작되었다. 이러한 시도들은 새로운 행성적(planetary) 세계상에 대한 첫 적응이기도 했다.

'지구적(global) 선형적 사고'라는 복합어가 '행성적(planetary)'이나 다른 용어보다 낫다. 그 이유는 행성적(planetary)이란 용어는 지구earth 전체를 지칭하지만, 그 독특한 유형의 분할을 포착하지 못하기 때문이다.

[1713년 위트레흐트 조약[53] 당시에] 잉글랜드 섬은 유럽의 행성적(planetary) 질서의 일부였다. …

여기서 나는 지구(earth)의 새로운 노모스를 이야기하고자 한다. 그것은 우리가 살고 있는 지구(earth)를, 행성적(planetary)을 하나의 전체로서, 하나의 글로브(globe)로서 생각하고, 그것의 지구적(global) 분할과 질서를 찾고자 하는 것을 의미한다.[54]

위의 인용문에서 알 수 있듯이, 슈미트가 인류 역사에서 글로벌한 것the global이 어떻게 만들어졌는지를 이해하려고 구상했던 이론적 접근에서, **행성적**planetary이라는 용어는 단지 **글로벌**global의 또 다른 표현에 불과했습니다. 이 용어들은 우리가 살고 있는 행성

53 [역자주] '위트레흐트'는 네델란드의 도시로, '유트레히트'라고도 표기한다. 1713년에 이곳에서 스페인 왕위 계승 전쟁을 종결시키기 위해 유럽 각국이 모여 평화 조약을 맺었는데, 이 조약은 최초의 국제협약이자 전쟁이 아닌 대화를 통해 평화를 모색했던 첫 시도이다. 2013년 위트레흐트시는 조약 체결 300주년을 맞아서 대규모 프로젝트를 추진했고, 다양한 시민단체들이 참가하여 '위트레흐트 인권 연합'을 결성하였다. 이상의 내용은 남동진, 〈'인권'으로 뭉친 시민사회단체, 토론부터 정책 반영까지〉, 《고양신문》, 2015.09.22 참조.

54 Carl Schmitt, *The Nomos of the Earth*, p.87, p.88, p.173, p.351. [역자주] 『大地의 노모스』, 73~75쪽, 197~198쪽.

을, 지구를 "하나의 전체로서" 포착한 것을 가리켰습니다. 이것은 이후에 많은 지구화 연구자들이 **행성적**planetary이라는 용어를 사용하여 지구earth 전체를 가리켰던 방식과 완전히 일치합니다. 그리고 하이데거에서 슬로터다이크에 이르는 많은 사람들이 "세계 상의 시대age of the world-picture" 또는 "지구 시대global age"라고 생각했던 것의 완성이기도 하였습니다.[55]

이러한 관점에서 보면, 1968년에 미항공우주국NASA이 우주에서 촬영한 저 유명한 '지구돋이Earthrise' 사진은, 하나의 구체sphere로서의 지구, 우리가 우연히 살게 된 행성이라는 이미지를 사용한 사례의 정점으로 볼 수 있습니다. 달 상공에서 찍은 이 사진은 달의 지평선에서 떠오르는 구체sphere로서의 행성을 보여주고 있습니다(그림 1과 2). 그것은 인간이 지구 전체를 바라보며 그것을 자기의 고향이라고 이미지화한 것입니다. 이 행성이 바로 글로브globe입니다. 다른 행성들은 우리의 시야에 들어오지 않습니다.

이 사진들은 사람들에게 인간의 거주, 성취와 붕괴라는 주제를 상징하고 있었습니다. 하이데거는 1966년에 『슈피겔』과의 인터뷰에서 이 위기를 잘 표현했습니다.

---

55 Martin Heidegger, "The Age of the World-Picture," Martin Heidegger, *The Question Concerning Technology and Other Essays*, translated by William Lovitt, New York: Garland Publishing, 1977.; Peter Sloterdijk, "Globe Time, World Picture Time," *In the World Interior of Capital*, translated by Wieland Hoban, London: Polity, 2013(독일어 원서는 2005년).

그림 1. 지구돋이(Earthrise). 달 궤도에 진입한 아폴로 8호에서 본 지구의 모습. 1968년(출처: NASA).

> 달에서 보낸 지구 사진을 보고서 당신은 어땠는지 모르겠지만, 적어도 저는 놀랄 만큼 두려웠습니다. 우리는 더이상 원자폭탄 같은 게 필요 없습니다. 인간의 뿌리 뽑힘은 이미 일어나고 있습니다. 우리에게 유일하게 남은 것은 순전히 기술적인 관계뿐입니다. 이것은 더이상 인간이 사는 지구(earth)가 아닙니다.[56]

한나 아렌트도 『인간의 조건』 첫머리에서, “근대의 해방과 세

56 Benjamin Lazier, “Earthrise,” p.609에서 재인용. 하이데거의 말 “그런 행성은 인간에게 적절한 장면(proper scene)이 될 수 없습니다.”에 대한 그의 논의도 참고하기 바란다(p.611).

그림 2. 블루마블(Blue Marble). 아폴로 17에서 본 모습. 1972년(출처: NASA).

속화는 하늘 아래 모든 생명체의 어머니였던 지구에 대한 치명적인 거부로 … 끝나야 하는가?"라고 물었습니다.[57]

이와 같이 냉전 시대와 그 이후에 진행된 지구화의 역사와 서사가 만들어 낸 시대 의식은 거주dwelling, 즉 지구에서의 인간의 거주 문제를 중심으로 전개되었습니다. 이것은 유럽의 확장과 자

57 Hannah Arendt, *The Human Condition*, 2nd ed., introduction by Margaret Canovan, Chicago: University of Chicago Press, 1998[1958], pp.1~2. [역자주] 우리말 번역은 한나 아렌트, 『인간의 조건』, 이진우 옮김, 한길사, 2020, 78쪽.

본주의 세계 시스템의 성장의 결과물인 글로브globe가 행성 지구planet Earth와 조우하는 과정에서 일어난 현상입니다. 지구화 이론가들에게 '글로브'와 '행성'은 결국 서로 합쳐집니다. 이것이 바로 레이지어가 말한 대지earth라는 단어에서부터 지구Earth, 행성planet, 글로브globe에 이르는 "어휘의 범람lexical spill"입니다. 이러한 현상은 환경 운동에서도 나타났습니다. '글로벌 환경global environment'이라는 표현에서 알 수 있듯이 환경environment에서 글로브globe로의 전환은 '세계상의 지구화' 현상과 어깨를 나란히 한다고 레이지어는 지적했습니다.[58]

이 지구화 의식에 대해 주목할 만한 세 가지 측면이 있습니다. 첫째, 앞에서 말했듯이 그것은 결국 기술이 행성을 거대한 네트워크로 연결할 때, 인간이 글로벌 세계에서 함께 거주할 수 있느냐의 물음으로 귀결됩니다. 둘째, 그것이 상기시키는 역사는 지난 500여 년 간의 역사로, 유럽 확장의 역사이자 모든 불평등을 수반하는 글로벌화된 자본의 역사이자 근대 기술의 역사입니다. 셋째, 지난 40년 동안의 환경에 대한 관심이 비록 인간과(인간 이외의 종을 포함하는) 환경의 관계에 주의를 환기시켰지만, 이 시대 의식은 여전히 지극히 인간 중심적입니다. 어떤 식으로 말하든 이 이야기의 중심에는 인간이 있었습니다.

---

58 Benjamin Lazier, "Earthrise," p.614.; Bashford, *Global Population and Chaplin, Round about the Earth.*

3. 행성/글로브의 분기와 조에(zoe)의 장소

행성적 기후변화 이야기는 지구화의 서사를 이어받으면서 동시에 그것으로부터 근본적으로 일탈하고 있습니다. 기후변화 과학의 기원은 19세기와 20세기에 유럽과 미국의 아마추어 그리고 전문적인 과학자들의 조사로까지 거슬러 올라갑니다. 대표적으로 냉전 시대의 산물인 핵폭탄의 폭발이 있습니다. 이로 인해 미국에서 새로운 해양학적, 대기학적 연구가 시작되게 됩니다.[59] 최근에 스펜서 위어트와 조슈아 P. 하우는 이 이야기를 매력적으로 풀어냈습니다.[60] 이 기후변화 과학은 주로 미국이 주도하였는데, 그 직접적 배경은 우주 제패를 둘러싼 미국과 소련의 경쟁이었습니다. 행성적 기후변화 이야기는 가다머와 슈미트 등 많은 사람들이 다가올 위기로 인식하고 논의했던 인류의 '생태적 위기'의 역사에서조

---

59 Sverker Sorlin, "The Global Warming That Did Not Happen: Historicizing Glaciology and Climate Change," *Nature's End: History and the Environment*, edited by Sverker Sorlin and Paul Warde, New York: Palgrave, 2009.

60 Spencer R. Weart, *The Discovery of Global Warming*, rev. and exp. ed., Cambridge, MA.: Harvard University Press, 2008[2003]; Joshua P. Howe, *Behind the Curve: Science and the Politics of Global Warming*, Seattle: University of Washington Press, 2014.; Joseph Masco, "Bad Weather: On Planetary Crisis," *Social Studies of Science* 40, no.1, February 2010.; Joseph Masco, "Mutant Ecologies: Radioactive Life in Post-Cold War New Mexico," *Cultural Anthropology* 19, no. 4, 2004.

차 정점에 달하지 않았습니다.[61] 왜냐하면 '기후 위기'는 인간에 의한 '환경 오염'이라는 기존의 서사의 논리로부터는, 또는 자본의 역사 같은 것을 재구축하는 방법론으로부터는 예견할 수 없기 때문입니다. 지구온난화를 진단하기 위해서는 기존과는 다른 종류의 과학이 들어와야 했습니다. 다시 말해 기후변화 현상을 이해하기 위해서는 학제적인 일종의 행성적 사고로의 진화가 필요했습니다. 여기에는 지구 시스템 기능에 대한 지식[62], 지질학적 지식, 행성의 생명의 역사, 그리고 지구화 이론가들의 관심 영역인 생산과 소비를 위한 세계 시장(쉽게 말하면 **자본주의**)의 역사가 포함됩니다.[63] 행성의 대기의 역사와 생명 유지 능력 사이의 관계를 분석하는 모든 연구에서 새로운 규모scale(공간에 있어서는 천문학적인 규

61 가다머는 전쟁 무기와 함께 "우리의 고향인 지구의 자연적 기반의 황폐화"를 "인간 삶의 일반적인 조건"을 위협하는 쌍둥이 위험으로 보았다. Hans-Georg Gadamer, "The Diversity of Europe", *On Education, Poetry, and History*, p.223. 슈미트는 다음과 같이 말했다: "현대 기술의 효율성을 고려하면 세계의 완전한 통합은 예견된 결론처럼 보인다. 그러나 현대 기술이 아무리 효과적일지라도 자기 자신을 파괴하지 않고서는, 인간의 본성도 대지와 바다의 힘도 완전하게 파괴할 수는 없다." Carl Schmitt, *The Nomos of the Earth*, pp.354~55.

62 이 지식 자체는 1980년대에 발전하였고, 그 시작은 1960년대로 거슬러 올라간다.

63 지구 시스템과학의 간결한 역사에 대해서는 다음을 참고하기 바란다: Spencer R. Weart, *The Discovery of Global Warming*, 2012, pp.144~47. [역자주] 한국어 번역본 쪽수는 다음과 같다: 스펜서 위어트, 『지구온난화를 둘러싼 대논쟁』, 김춘수 옮김, 동녘사이언스, 2012, 188~192쪽. 참고로 저자가 인용하는 판본은 2008년에 나온 개정판인데, 한국어 번역서는 2003년에 나온 초판이다.

모, 시간에 있어서는 지질학적인 규모, 생명의 역사에 있어서는 진화적인 시간 규모)의 물음을 도입하여 생명life 또는 생명 중심적zoe-centric 관점이라고 할 수 있는 행성의 역사를 촉진함으로써, 지구온난화 연구는 인간 중심적인 지구화 서사와는 다른 방향으로 진행되고 있습니다. 이 긴장 관계는 다음 강의에서 다룰 제임스 러브록의 가이아Gaia 연구에서 가장 잘 드러납니다.

지구화 서사와 '위험한' 기후변화에 대한 과학자들의 우려는 모두 인간의 행복에 대한 관심을 공유하고 있습니다. 그러나 지구화 이론가들이 기존의 경제적, 정치적 제도가 모든 인류에게 행복을 가져다주는 능력을 논하고 있는 반면에, 행성의 기후변화 과학은 결국 행성의 모든 생명의 번영 조건을 "보통 사람의 번영"(찰스 테일러)의 조건으로 바꾸게 됩니다.[64] 따라서 양측의 문헌들은 그들의 주요 범주인 인류humanity와 인간종human species 사이에서 긴장을 형성합니다. 이 긴장과 함축에 대해서는 제2강에서 자세히 설명하겠습니다.

행성에 대한 인간 중심적 인식과 제가 생명 중심적 관점이라고 부르는 것 사이의 분기의 시작은 1968년 크리스마스 이브에 미국인 우주비행사가 달 위에서 본 '지구돋이'에 대한 몇 가지 주요 반응들에서 확인할 수 있습니다. 이에 대해서는 로버트 풀의 매력적

64 Charles Taylor, *A Secular Age*, Cambridge, MA: Harvard University Press, 2008.

인 책이 있습니다.[65] 우주에서 본 지구의 광경에 대한 직접적인 반응은 인류의 거주에 대한 생각을 불러일으켰습니다. 우주비행사들은 천문학자 프레드 호일Fred Hoyle과 SF 작가 아서 클라크Arthur C. Clarke[66] 등이 1950년대에 명시한 희망을 표상했습니다. 그것은 바로 인류가 장차 지구 전체를 자신들의 고향으로 생각하면서, 국가주의와 이데올로기적 투쟁을 종식시킬 것이라는 희망이었습니다.[67] 반면, 이처럼 인간에 주목한 반응과는 달리 생명 자체에 초점을 맞춘 반응도 있었습니다. 미생물학자 르네 뒤보스Rene Dubos는 "생명의 빛이 없다면 이 행성은 얼마나 칙칙하고 우중충하며 매력 없고 보잘것없을까?"라고 하였고, 생태학자 데이비드 워스터David Worster는 이 행성을 뒤덮은 "얇은 생명의 막"에 대해 언급하였습니다.[68]

'인간 중심적' 세계관과 '생명 중심적' 세계관의 차이는, 아마도 제임스 러브록이 『가이아의 시대』에서 동료 마이클 앨러비Michael Allaby와 함께 쓴 소설 『화성의 녹지화The Greening of Mars』를 회상하면서 했던 말을 통해서 가장 잘 설명될 수 있을 것입니다. 이 소설에서 두 사람은 인류가 어떻게 붉은 행성에 거주하기 시작할 수 있는

65 Robert Poole, *Earthrise: How Man First Saw the Earth*, New Haven, CT: Yale University Press, 2008.

66 아서 클라크는 과거에 아놀드 토인비의 "세계의 통일" 관념으로부터 영향을 받았던 인물이다.

67 앞의 책, pp.37~41, p.103, pp.133~34.

68 같은 책, pp.8~9.

지를 상상합니다.[69] 분명 앨러비는 "새로운 식민지 확장을 실행할 수 있는 세계, 새로운 환경적 도전이 있고 지구의 종족 문제로부터 해방된 곳"을 원했습니다. 이것은 "행성을 거주가능한habitable 장소로 만드는 행위를 생각할 때 종종 사용되는 말인 **테라포밍**terraforming의 비전"이었습니다.[70] 러브록이 듣기에 테라포밍은 "행성 규모의 기술적 수리, 불도저나 농업 비즈니스를 연상시키는 인간 중심적 풍미"를 풍겼습니다. 그는 "고향 만들기"와 같은 생태시적인eco-poetic 표현을 좋아했는데, 이 과정의 상상력은 인간이 아닌 생명life에서 시작됩니다. 러브록은 화성이 비록 너무 척박해서 생명이 살 수 없다고 생각했지만, "화성을 생명의 보금자리로 만들기 위해서는 먼저 박테리아가 살기 좋은 행성으로 만들어야 한다"고 썼습니다.[71] 여기에서 제가 **생명 중심**zoecentric이라고 부르는 것은 후자의

69 James Lovelock and Michael Allaby, *The Greening of Mars: An Adventurous Prospectus Based on the Real Science and Technology We Now Possess - How Mars Can Be Made Habitable by Man*, New York: St. Martin's Press, 1984.

70 James Lovelock, *The Ages of Gaia: A Biography of Our Living Planet*, New York: Norton, 1995[1988], pp.173~174. [역자주] 한국어 번역본으로는 제임스 러브록, 『가이아의 시대: 살아 있는 우리 지구의 전기』, 홍욱희 옮김, 범양사출판부, 1992, 272쪽.

71 같은 책, pp.174~175, pp.180~81. 그리고 다음의 말도 참고하기 바란다: "우리의 첫 번째 목표는 레골리스(regolith)를 표토(topsoil)로 전환할 수 있는 미생물 생태계를 도입함과 동시에 지표면에서 거주하면서 광합성 작용을 하는 박테리아를 공급하는 것이 될 것이다." p.187. [역자주] 『가이아의 시대』, 271쪽, 288쪽. '레골리스'는 달이나 행성의 단단한 기반암을 덮고 있는 먼지와 흙으로 된 퍼석퍼석한 물질을 말한다. '표토'는 토양의 표면에 위치하는 최상층으로, 깊이가 5~20센티미터 정도이다. 유기물과 미생물의 농도가 높

관점, 즉 생명과 행성의 역동성이라는 보다 큰 지평 위에다 인간을 단단히 자리매김하는 러브록의 관점입니다.

이 두 관점은, 즉 인간 중심적 관점과 생명 중심적 관점은 미국의 모더니스트 시인이자 국회도서관 사서인 아치볼드 매클리시 Archibald MacLeish가 1968년 12월 25일에 〈지구돋이〉 사진을 보고서 그 자리에서 쓴 시에서도 발견할 수 있습니다. 그의 산문시 "지구에 함께 탄 자들, 영원한 추위 속 형제들Riders on Earth Together, Brothers in Eternal Cold"에는 인간의 지위에 대한 인간 중심적 관점과 생명 중심적 관점 사이의 긴장으로 가득 차 있습니다.

> 1. 인간 중심적 관점: "영원한 침묵 속에 둥둥 떠다니는 작고 푸르고 아름다운 지구, 그 지구를 있는 그대로 보는 것은, 우리 자신을 지구에 동승한 탑승자들로 보는 것이고, 영원한 추위 속에서 저 밝은 사랑스러움에 탄 형제들로 보는 것이다. 이들은 자신들이 진정한 형제임을 이제야 안다."
>
> 2. 생명 중심적 관점: "모든 시간 가운데 처음으로 인간이 보았다. … 완벽하고 둥글고 아름다운 작은 모습을. 단테조차도 … 꿈꿔본 적이 없었고, 부조리와 절망에 빠진 20세기 철학자들도 생각할 수 없었다. 그렇게 바라보고 있는 동안 사람들의 머릿속에 하나의 물음이 떠올랐다. "사람이 살고 있나?"(Is it inhabited?) 그들은 서로에게 말하면서 웃었다.

기 때문에 식물 성장에 필수적이다.

그리고나서 웃음이 사라졌다. 그들의 머리에 떠오른 것은 "달까지 가는 중간 지점"이라고 하는 우주 속 10만 마일. 그들의 머릿속에 떠오른 것은 저 작고, 고독하고, 떠다니는 행성 위의 생명이었다. 그 행성은 거대하고 텅 빈 밤에 떠다니는 작은 뗏목. "사람이 살고 있나?"[72]

여기에 나오는 행성의 거주가능성habitability 문제는 다음 강의에서 다시 논의할 주제입니다.

4. 실용적 구분의 도입: 앤트로포스(anthropos)와 호모(homo)

인간human이라는 말이 기후변화와 관련된 사회적·정치적 문헌에서 가장 논란이 되는 범주의 하나로 밝혀졌다는 것은 인문학자들에게 흥미로운 점입니다. 예를 들어 '인위적anthropogenic 기후변화'나 '인류세Anthropocene'와 같은 표현에서 **앤트로포스**anthropos라는 말의 사용, 그리고 '**인간**human이 유발한 기후변화'라고 말할 때의 인간human이라는 말의 사용은 다음과 같은 합리적인 반박을 유발하였습니다.

---

72 Archibald MacLeish, "Riders on Earth Together, Brothers in Eternal Cold," *New York Times*, December 25, 1968. http://cecelia.physics.indiana.edu/life/moon/Apollo8/122568sci-nasa-macleish.html

> 화석연료 중독은 지구적인 부유층, 전 세계의 소비 계급과 같은 소수의 인간들, 그리고 화석연료의 생산자, 판매자, 옹호자와 같은 이해 집단들 사이에서만 일어나고 있는데, 왜 모든 인간 또는 인간 전체가 비난을 받아야 하는가?

특히 중국과 인도를 비롯한 여러 나라의 학자들은 다음과 같은 불만을 토로했습니다.

> **앤트로포스**라는 말을 이렇게 사용하면, 현재의 지구온난화 위기는 사실은 '사치 배출(luxury emissions)'을 하는 사람들이 책임져야 할 범죄인데, 빈곤층과 그들의 온실가스 '생존 배출(survival emissions)'이 부당하게 잘못 연루될 수 있다.[73]

'인위적anthropogenic 기후변화'라는 표현에 사용된 **앤트로포스**anthropos에는 매우 특수한 방향성이 있습니다. 지구는 이전에도 행성적 차원의 극적인 기후변화를 겪어왔습니다. 하지만 우리가 이 특별한 기후변화 사건을 '인위적'이라고 부르는 것은, 그것을 과거의 사건, 즉 지각판 변동, 화산 폭발, 소행성 충돌 등과 같이 인간과 무관한nonanthropic 지구 물리학적/지질학적 힘에 의해 야기된 과거의 기후변화와 구분하기 위해서입니다. 그래서 우리는 오늘날 행성의 온난화라는 사건을 과거의 유사한 사건들의 계열 속에 두면

---

73 자세한 내용은 다음을 참고하기 바란다. Dipesh Chakrabarty, "Postcolonial Studies and the Challenge of Climate Change," *New Literary History* 43, 2012.

서도, '인위적'이라는 한정어를 사용하여 소쉬르적인 기호 연쇄chain of signs에서 다른 문자가 다른 음가를 갖는 식의 기능을 하도록 하는 것입니다. 즉 그것이 앞뒤로 이어지는 것과 구별되게 하는 것입니다. 이 '인위적'이란 수식어는 인간의 고유성에 대한 내향적 감각inward-oriented sense을 나타내거나 내포하지 않습니다. 이곳의 '앤트로포스'는 책임을 의미하지 않기 때문에 도덕적 가치를 담고 있지 않습니다. 그것은 단지 지금까지 행성 전체의 기후를 변화시키기 위해서는 통상 지구 물리학적인 힘이 제공되었는데 이번에는 (행성의 역사에서 처음으로) 주로 인간의 행위에 의한 사건임을 나타내기 위해서입니다. 이것은 어떠한 도덕적 과실도 의미하지 않는 인과적 용어causal term입니다.

지질학자들이 '앤트로포스'라는 단어를 사용하여 새로운 지질학적 시대를 '인류세'로 정의하고, 그 명칭을 정당화하려는 시도 역시 마찬가지입니다. 인류세는 약 11,700년 전에 시작되었다고 하는 홀로세Holocene 시대로부터의 전환을 의미하는데[74], 일부 학자들(주로 좌파 학자들)은 '인류세'라는 명칭에 깊은 불쾌감을 표명하면서 거기에 내포된 이데올로기적 속성을 공격합니다. 온실가스 배출과 기술이 행성의 기후에 영향을 주게 한 것은 자본주의적 생산양

---

74 Jan Zalasiewicz et al., "When Did the Anthropocene Begin? A Mid-Twentieth Century Boundary Level Is Stratigraphically Optimal," *Quaternary International* 30, 2014. http://dx.doi.org/10.1016/j.quaint.2014.11.045. 이 논문이 간행되기 전에 미리 원고를 보여주신 잘라시예비치 박사에게 감사드린다.

식인데, 왜 '자본세capitalocene'라고 부르지 않느냐고 그들은 묻습니다.[75] 하지만 일반적으로 지질시대의 명칭이 그 시대를 초래한 원인을 나타낼 필요는 없다는 주장도 가능합니다. 가령 '최근 시대'를 의미하는 홀로세라는 명칭은 어째서 그 지질학적 시기에 간빙기의 온난기가 시작되었는지에 대해서는 아무것도 말해주지 않습니다. 마찬가지로 '인류세'라는 명칭에 대한 논쟁도 현재의 지질학자들이 다음과 같은 사실을 과학적으로 주장할 수 있는지 여부에 관한 것입니다.

> 지금으로부터 수백만 년 후의 미래의 지질학자들이 지구의 특정한 지층으로부터 '호모 사피엔스'라고 불리는 종의 작업으로 인해 지구 행성이 크게 개조되었음을 보여주는 일관적이고 행성 차원의 동시대적 신호를 검출할 수 있을 것인가?[76]

그래서 이 명칭에는 도덕적 책임이 부여되지 않습니다. 그러나 우리가 기후변화를 단순한 물리적 현상이 아니라 위험한 현상으로 정의하는 순간, 즉 '위험한 기후변화'라고 표현하는 순간, 우

---

75 가령 다음을 보라. Andreas Malm and Alf Hornborg's, "The Geology of Mankind? A Critique of the Anthropocene Narrative," *Anthropocene Review*, March 18, 2014 (온라인 공개는 January 7, 2014).

76 Jan Zalasiewicz, Mark Williams, and Colin N. Waters, "Can an Anthropocene Series Be Defined and Recognized?", *A Stratigraphical Basis for the Anthropocene*, edited by C. N. Waters et al., Geological Society, London, Special Publications 395, 2014. (http://dx.doi.org/10.1144/SP395.16.)

리는 가치의 영역으로 들어오게 되고, 그래서 의견의 불일치와 정치의 영역에 들어옵니다. 시카고대학의 기후과학자인 레이먼드 피에르험버트와 데이비드 아처는 최근에 출간한 각각의 책에서, 인위적인 지구온난화의 위기에 대해 생각할 때 따라오는 **규모**scale의 문제를 다루었습니다. 여기서 양자의 상이한 수사학적 방법에 대해서 살펴보도록 하겠습니다. 먼저 피에르함버트가 집필한 책은 대학 4학년과 대학원생을 위한 교재로, 인위적인 지구온난화 문제가 미래의 인류나 인간 이외의 지적인 종에게 어떻게 비칠 것인가에 대해서 썼습니다. 그의 어투는 차분하고 냉정하며 침착하여, 행동을 촉구하는 울림이 조금도 없습니다. 왜냐하면 여기에서의 규모는 학문적 상상력을 자극하기 위한 것이기 때문입니다.

> 1,000만 년 후에 미래의 고(古)기후학자들이 보면, 그들이 어떤 종이든 간에, 현 시대에 화석연료의 탄소를 파국적으로 방출한 것은, 마치 오늘날 고기후학자들이 팔레오세–에오세 최고온기[77] [5,500만 년 전]나 K–T 대멸종[78] [6,600만 년 전]의 경계 사건(boundary event)이라고 지칭

---

77 [역자주] 팔레오세–에오세 최고온기(Palaeocene–Eocene Thermal Maximum 또는 PETM)는 약 5,600만 년 전 갑자기 지구 대기에 이산화탄소(CO_2)가 늘어나면서 5~8℃ 정도 지구의 기온이 급상승하여 오랜 기간 온난화가 지속된 지질학적 사건을 말한다. 이 사건을 계기로 당시 지구의 수많은 생명체가 사라졌고 다시 원래의 온도로 돌아오기까지 무려 10만 년 이상의 시간이 걸렸다.

78 [역자주] 'K–T 대멸종'에서 K–T는 백악기–제3기(Kreide-Tertiary)의 약자로, 기원전 약 6,600만 년 전에 일어난 생물의 대멸종 사건을 말한다. 이 지질학적 사건은 지질시대 사상 5번째 대멸종에 해당하며, 공룡 멸종으로 잘

> 하는 것처럼, 독자적인 명칭을 가진 수수께끼 같은 사건으로 보일 것이다. 이 화석탄소 배출사건은 급격한 온난화로 인한 대량 멸종과 산악 빙하나 육지 빙상이 후퇴하면서 남긴 퇴석(堆石) 기록을 통해서, 탄소 순환의 13C 프록시[79]에서 확인될 것이다. 그것은 하나의 사건으로, 우리 행성의 거주가능성(habitability)을 영구히 파괴할 가능성은 낮다.[80]

이 인용문을 데이비드 아처가 『오랜 해빙기』의 첫머리에서 전개한 서술 방식과 비교해 보겠습니다. 이 책은 일반 독자들에게 기후변화 행동의 절박함을 알리려는 목적으로 집필되었습니다. 아처는 우리 같은 "평범하고 유한한 존재가 왜 10만 년 후의 기후변화를 **걱정해야 하는가?**"라는 물음에 정면으로 맞서서 독자들에게 이렇게 반문했습니다.

> 만약에 고대 그리스인들이 오늘날까지 지속될 수 있는 잠재적 비용, 가령 폭풍우가 몰아치는 세상이나 해수면 상승으로 인해 농업 생산량이 10% 감소되리라는 사실을 알면서도, 수 세기 동안 수익성 있는 사업 기회를 활용했다면 어떤 기분이 들까?[81]

알려져 있다. 공룡뿐만 아니라 육상 생물종의 75%가 멸종했는데, 고기후학자들에 따르면 소행성 충돌과 대형 화산 폭발로 급격한 환경 변화가 일어났고, 그것이 대멸종으로 이어졌다고 추측된다.

79 [역자주] '13C 프록시(proxies)'는 '탄소-13 프록시'의 약어로, 탄소-13이라는 탄소의 안정 동위 원소를 고기후 판단 인자, 즉 프록시로 활용하는 것이다.

80 Raymond T. Pierrehumbert, *Principles of Planetary Climate*, Cambridge: Cambridge University Press, 2010, p.66.

81 David Archer, *The Long Thaw: How Humans Are Changing the Next 100,000 Years of the Earth's Climate*, Princeton, NJ: Princeton University Press,

확실히 아처는 피에르험버트보다 한걸음 더 나아가서 행위 주체agency[82]와 책임에 대해서 말하고 있습니다. 그의 도덕적이고 수사학적인 물음은 기후변화 정치의 중요한 문제를 지적하고 있습니다. 그것은 바로 사람들이 지구온난화에 대응하는 행동을 하도록 동기를 부여하려면, 인간적이면서human 동시에 인간과는 **무관한** inhuman 서로 다른 규모로 전개되는 일련의 사건들을 인간의 경험으로 접근할 수 있게 해야 하는 난제가 필연적으로 동반된다는 것입니다. 세대 간 윤리 문제는 이러한 분할을 가로지르면서 잘 보여줍니다. 아처는 독자에게 묻습니다.

> 만약에 우리의 온실가스 배출이 향후 10만 년 동안 행성의 기후를 변화시킨다면, 우리는 향후 몇 세대를 돌봐야 할까요? 혹은 돌볼 수 있을까요?[83]

오랜 시간에 걸쳐 진화해 온 우리의 돌봄 능력은 무한하지 않을지 모릅니다. 어쨌든 아처는 여기에서 '인위적anthropogenic 기후변

2009, pp.9~10. [역자주] 이 책은 한국어로 번역되었다: 데이비드 아처, 『얼음에 남은 지문』, 좌용주·이용준 옮김, 성림원북스, 2022, 20쪽.

82 [역자주] 이 책 전체를 통틀어 'agency'라는 말은 총 5번 나온다. 번역은 문맥을 고려하여 '행위 주체'로 하였다. 참고로 일본어 번역에서는 '주체성'으로 옮겼고, 한국에서는 '행위성'이라고 번역되기도 한다. 이것과 비슷한 말인 'agent'는 총 7번 나오는데 모두 '행위자'로 번역하였다.

83 기후변화의 맥락에서 세대 간 윤리 문제를 다룬 중요한 책으로는 다음이 있다: Stephen M. Gardiner, *A Perfect Moral Storm: The Ethical Tragedy of Climate Change*, Oxford: Oxford University Press, 2011.

화'에서의 '앤트로포스anthropos'가 아니라, 문명 성취의 정점에 달했던 고대 그리스인과 같이 매우 특수한 문화적이고 민족적인 분파의 인류humanity에 대해서 말하고 있습니다.

인간 문제로서의 기후변화는 인간의 가치, 윤리, 고통 그리고 애착과 같이 물리 과학이 다루기에는 한계가 있는 주제들을 논하지 않고서는 정의될 수 없습니다. '위험한 기후변화'라는 관념은 그 자체로 과학적인 관념이 아닙니다. 물론 '행성적 기후변화'를 이해하고 정의하기 위해서는 과학적 지식에 의존해야 합니다. 그러나 '위험한'은 과학적 용어가 아닙니다. 줄리아 애드니 토마스가 최근에 말했듯이, "인류세와 씨름하는 역사가는 '멸종 위기에 처한 인간'을 정의하기 위해서 동료 과학자에게 의지할 수 없습니다." "멸종 위기"는 결코 "단순한 과학적 사실"이 아니라 규모와 가치의 문제라고 그녀는 지적합니다.[84] 그래서 기후 위기를 인과적이 아닌 도덕적 책임의 관점에서 생각하면, 기후변화는 정의의 문제이자 정치적 과제가 됩니다. 예컨대 온실가스 배출에 대한 도덕적 책임

---

84 Julia Adeney Thomas, "History and Biology in the Anthropocene: Problems of Scale, Problems of Value," *American Historical Review*, December 2014. [역자주] 줄리아 애드니 토마스는 노터데임대학(University of Notre Dame) 역사학과 교수로, 일본 근대사상사 전문가이자 인류세 연구자이다. 그녀의 저서가 최근에 우리말로 번역되었다. 줄리아 애드니 토머스·마크 윌리엄스·얀 잘라시에비치, 『인류세 책: 행성적 위기의 다면적 시선』, 박범순·김용진 옮김, 이음, 2024. 원제는 Julia Adeney Thomas, Mark Williams, Jan Zalasiewicz, *The Anthropocene: A Multidisciplinary Approach*, Cambridge, UK: Polity, 2020.

은 누가 져야 하는가? 온실가스 배출완화와 이에 따른 적응 비용은 누가 부담해야 하는가? '오염자 부담'의 원칙은 적용되어야 하는가?라는 물음에서 지구온난화는 인간 내부의intrahuman 정의 문제를 제기합니다. 이 지점에서 인류humanity의 모습은 (인류세에서의) '앤트로포스anthropos'와 달라집니다. 인류의 정치적인 모습에는 다소 모순되는 두 가지 특징이 있습니다. 인류는 한편으로 목적을 지닌 행위 주체agency로서 자신을 미래에 투영할 수 있는 실체이지만, 다른 한편으로 정의 문제를 야기할 수 있는 이슈들로 인해 분할되어 있습니다. 인류는 결코 기능적인 단일한 행위 주체agency가 아닙니다. 정치적 행위자로서 인류의 통합은 항상 "도래할 것to come"입니다.

이 '인류'라는 범주를, 세계world가 서서히 세계화mondialization되는 과정, 즉 세계를 글로브globe나 행성planet과 중첩시키는 과정 자체가 만들어 낸 산물이라고 주장할 수도 있습니다. 그것은 우리가 우주에서 본 이 행성을 우리의 고향home으로 만든 기술경제 네트워크가 만들어 낸 근대적인 형성물입니다. 저는 이 하나이면서 나뉘어진one-but-divided 인류의 모습을, 과학자들이 이미 사용하고 있는 그리스어 **앤트로포스**와 구별하기 위해서, 라틴어 **호모**homo라고 부르기로 하겠습니다. '인위적인 지구온난화'라는 문맥에서의 **앤트로포스**를 이런 의미로 사용되는 **호모**로 바꿔 읽으면, 기후변화가 자본주의 지구화 이야기의 연장선상에 있음을 알 수 있습니다. 지구화 이야기는, 그것이 어떻게 이야기되든지 간에, 이야기의 중심에 인간의 모든 불평등이 강조되고 있습니다.[85] 그러나 행성의 기후변화와 인류세는 인간이 아닌nonhuman 살아있지 않은nonliving 벡터들에 의해 주도되는 사건이기도 합니다. 이 벡터들은 다양한 규모로 작동되는데, 어떤 것은 지질학적 규모로 작동하고, 어떤 것은 한두 세대 인간의 시간 지평 안에서 영향을 미칩니다. 그렇기 때문에 수백만 년까지는 아닐지라도, 수십만 년에 걸쳐 작동하는 것을 정책이나 정치 영역으로 끌고 갈 수는 없습니다. 그러나 위험한 기후변화를 막기 위해서 '우리'가 무언가 해야 한다고 말하는 순간, 우리는 손해, 비용 그리고 책임에 대한 문제를 제기하게 되고, 제가 **호모**라고 불렀던 말을 다시 '인위적anthropogenic' 또는 '인류세Anthropocene'라는 표현에서 사용되는 **앤트로포스**anthros라는 말로 되돌려서 읽게 됩니다. 그래서 기후 정의 정치에서는 '앤트로포스'가 있던 자리에 '호모'가 있게 된다고 말할 수 있을 것입니다.[86]

---

85 Intergovernmental Panel on Climate Change (IPCC), *Climate Change 2001: A Synthesis Report. A Contribution of the Working Groups I, II, and III to the Third Assessment Report of the IPCC*, edited by R. T. Watson and the Core Writing Team, New York: Cambridge University Press, 2001, p.12; Steve Vanderheiden, *Atmospheric Justice: A Political Theory of Climate Change*, New York: Oxford University Press, 2008, p.9에서 재인용.

86 이 정식화는 2014년에 열린 《근대의 기상학(Meteorologies of Modernity)》 학술대회에서 흥미롭게 들었던 뮌헨 LMU 대학 로버트 스톡해머(Robert Stockhammer)의 강연 「인류세의 문헌학(the philology of the Anthropocene)」에서 영감을 받았다.

제 2 강

인간 중심적 관점과 생명 중심적 관점

Decentering the Human? or What Remains of Gaia

디페시 차크라바르티

지난 강의에서는 호모와 앤트로포스라는 실용적이면서 인위적인 구분을 통해 기후변화 논의가 우리를 상상하게 하는 두 개의 인간상을 포착하려고 했습니다. 이번 강의에서는 제1강에서 제안한 비동일성nonidentity을 관통하는 단층선에 대해서 한 발 더 들어간 사고를 진행하고자 합니다.

1. 기후 정의와 인간 중심주의

만약에 우리가 기후변화를 자본의 역사나 지구화의 역사에서 하나의 정점이라고 생각한다면, 설령 인위적 기후변화가 인간 이외의 생명에까지 영향을 미치고 무생물의 세계inanimate world에도 충격을 준다는 사실을 인정하다고 할지라도, 지구온난화는 전적으로 인간 안에서의intrahuman 정의 문제에 속하는 사안처럼 보이게 됩니다. 여기에서는 생명 중심적 관점은 무시되고 인간 중심적 관점이 우선시됩니다. 예를 들면 스티브 반데르헤이덴[1]이 쓴 대기 정의atmospheric justice에 관한 책에서 '기후변화 정치이론'의 가능성에 관한 매력적인 논의의 초반에 나오는 다음과 같은 구절을 생각해 보시기 바랍니다. 그것은 기후 위기에 관한 생명 중심적 입장으로 볼 수 있는 내용으로 시작됩니다.

> 탄소는 이산화탄소와 함께 행성 지구에서 생명의 기본 구성요소이다. 이산화탄소는 생물과 같은 천연의 탄소 흡수원(carbon sinks) 사이에서 탄소가 전달되는 주요한 수단이다. **탄소 순환**(carbon cycle)으로 알려진 교환(exchange)에서, 인간과 동물은 호흡을 통해 산소를 마시고 이산화탄소를 내뱉고 식물은 이산화탄소를 흡수하고 산소를 방출하여, **지상의 생명의 균형을 유지한다.**[2]

반데르헤이덴은 온실가스GHG[3]와 '**자연적 온실효과**'가 없다면 행성은 일반적인 생명체, 그중에서도 특히 인간이 살기 힘들 정도로 추워질 것이라는 사실을 인정합니다. 그는 말합니다.

---

1 [역자주] 스티브 반데르헤이덴(Steve Vanderheiden)은 콜로라도 볼더 대학(University of Colorado Boulder) 정치학과 교수로, 2008년에 쓴 『대기 정의: 기후변화 정치이론(Atmospheric Justice: A Political Theory of Climate Change)』은 국제 환경정치학에서 선정하는 그해 최고의 책으로 꼽혔다.

2 Steve Vanderheiden, *Atmospheric Justice: A Political Theory of Climate Change*, Oxford: Oxford University Press, 2008, p.6. 아울러 p.79도 참고하기 바란다. 강조는 인용자의 것이다.

3 [역자주] 'GHG'는 'Greenhouse gases'의 약자이다.

> 만약에 기온 변동(temperature variability)이 마지막 빙하기 이래로 관찰된 범위에서 아주 조금만 벗어나는 정도라면 일부 생명체들이 살아남을 수 있겠지만, 1만 년에 걸쳐 온실가스 안정성이 만들어 낸 기후 평형은 **지상의**(terrestrial) **모든 생명**의 발달을 담당하고 있어서 그 평형 상태에서 아주 작은 변화만 일어나도 생태계는 급격히 불균형 상태로 떨어질 수 있다.[4]

여기에서 반데르헤이덴은 기후 위기가 "지상의 모든 생명"의 "균형"과 관련이 있고 (그 "균형"이 무엇을 의미하든지 간에), 따라서 적어도 수천 년 단위로 생각할 필요가 있다는 점을 충분히 인정하고 있습니다. 문제는 정의와 불평등에 관한 물음에 이르면 인간의 생명 문제에, 그리고 그 문제 주위에만 맴돌고 있고, 매우 협소한 인간적인 시간 단위에서만 실행가능한 문제를 다루고 있다는 점입니다. 그는 "인위적 기후변화는 행성의 **비인간 종**nonhuman species에게 심각한, 경우에 따라서는 파국적 피해까지 줄 것으로 예상된다"[5]라고 말하면서도, 기후 정의 문제에 관한 노력에 대해서는 전적으로 "행성에서의 인간의 서식지와 인구"에만 초점을 맞추고 있다는 점에서 IPCC의 생각에 따르고 있습니다.[6]

---

4 Vanderheiden, *Atmospheric Justice*, p.7. 강조는 인용자의 것.

5 같은 책, p.9. 강조는 인용자의 것.

6 [역자주] 이곳의 일본어판 역자주는 다음과 같이 나와 있다: "이 구절은 2013년~2014년에 발표된 IPCC 제5차 평가보고서의 입장을 참고한 것이다. 2021년~2022년에 발표된 IPCC 제6차 평가보고서(특히 제2실무그룹 보고서)에서는 인간 이외의 생물다양성이나 생태계 문제까지 논의가 확장되

이러한 접근에 대해서 반데르헤이덴은 다음과 같은 실용적이면서도 타당한 이유를 제시하고 있습니다.

(동물 이외의 생명 형태나 무생물 세계는 말할 것도 없고) "동물과 미래 세대"까지 대표자로 넣는 지구적 기후 체제(global climate regime)를 어떻게 구성할지 우리는 아직 모른다.

그리고 이어서 정치학자 테렌스 볼[7]의 작업을 언급하면서 다음과 같이 주장합니다.

설령 우리가 "민주적 제도 안에서 그들의 이익을 위해 대리인들을 통해 최소한의 목소리를 내게 해서" 그들을 대표한다 할지라도 "그들은 필연적으로 입법적 소수자로 남을 것이다."[8]

따라서 다른 한편으로는 다음과 같은 사실이 인정됩니다.

고 있다. 이 점에 대해서는 다음의 문헌을 참고하기 바란다: IPCC, "Sixth Assessment Report," https://www.ipcc.ch/assessment-report/ar6/

7 [역자주] 테렌스 볼(Terrence Ball, 1944~)은 아리조나 주립대학 정치학-지구학과의 명예교수이다. 국내에 번역된 저서로는 테렌스 볼·리처드 대거, 『현대 정치사상의 파노라마: 민주주의의 이상과 정치 이념(Political Ideologies and the Democratic Ideal)』, 정승현 옮김, 아카넷, 2006과 테렌스 볼·제임스 파 공편, 『마르크스 이후(After Marx)』, 석영중 옮김, 신서원, 1997[1991]이 있다.

8 Vanderheiden, *Atmospheric Justice*, p.264, 각주 8). [역자주] 반데르헤이덴에 의하면(p.264, 각주 8)), 테렌스 볼의 글의 출처는 다음과 같다. Terrence Ball, "Democracy," *Political Theory and the Ecological Challenge*, ed. Andrew Dobson and Robyn Eckersley, New York: Cambridge University Press, 2006, pp.131~47.

"전 지구적 대기는 유한한 재화(finite good)이고" 단지 인간을 위해서만 좋은 것이 아니다, 왜냐하면 그것은 "인간의 번영을 위한 도구이기는 하지만" "이 행성에서의 생명의 연속을 위해서는 필수적인 것이기" 때문이다.

이것은 과학의 교훈입니다. 하지만 그럼에도 불구하고 다른 한편으로는, 기후변화와 관련된 정의로운 불평등 문제에 이르면, "행성의 **모든** 거주자들 사이에서 공유되어야 한다"고 말하던 이 "하나의 대기one atmosphere"[9]의 흡수 능력은 **오직** 인간들("전 세계의 국가들이나 시민들") 사이에서만 분할될 뿐, 인간이 아닌 생명들의 정당한 몫에 대해서는 아무런 논의가 없습니다.[10] 여기에서 한 걸음만 더 나아가면, 비인간 생명은 완전히 망각되고 지구온난화를 인류의 정의 문제와 동의어로 선언하게 됩니다. 심지어는 인류의 정의 문제가 만족스럽게 **해결되기 전까지는** 지구온난화를 개선될 수 없는 문제로 보기까지 합니다. 다음의 인용문에서 어떻게 "형평equity과 책임에 대한 우려가 **무시되어서는 안 된다**"는 도덕적 권고가 "인위적 기후변화는 … **하지 않는 한 진정으로 해결될 수 없다**"는

9 [역자주] 여기에서 '하나의 대기'는 동아시아철학 개념으로 말하면 '일기(一氣)'로 번역될 수 있다. 가령 19세기 동학사상가 해월 최시형은 "우주에 충만한 것은 혼원한 일기(一氣)이다"(『해월신사법설』「성誠·경敬·신信」)라고 말하였다. 다만 여기에서의 '일기'는 세계의 모든 존재를 구성하는 궁극적 실재를 지칭한다는 점에서, 차크라바르티가 말하는 천문학적 개념으로서의 '일기'보다는 훨씬 광범위한 개념이다.

10 Vanderheiden, *Atmospheric Justice*, p.79, p.104.

조건문으로 이동하는지, 그러다가 마지막에는 지구 정의와 기후변화 사이의 동일성 관계를 제시하는 진술로 바뀌는지를 확인해 보시기 바랍니다.

> 형평과 책임에 대한 우려를 파국적 기후변화의 방지라고 하는 일차적 목표에 부차적인 것이라고 무시해서는 안 된다. 왜냐하면 … 인위적 기후변화는 정의의 문제이기도 하고, 그래서 국제적 대응이 [가난한 나라들의 "개발할 권리"를 포함하는] 정의를 증진시키는 것을 목표로 하지 않는 한 진정으로 개선될 수 없기 때문이다. 지구 정의와 기후변화는 … 동일한 문제들의 표출이다.[11]

2. 러브록, 가이아, 그리고 생명(Zoe)

만약에 제가 이 맥락에서 반데르헤이덴이 제기한 인간 중심적 관점homocentric view과 정반대되는 관점, 즉 생명 중심적zoecentric point of view 관점을 설명해야 한다고 한다면, 제임스 러브록의 책 『가이아의 사라지는 얼굴』의 한 구절을 인용하겠습니다. 러브록은 이 책의 「기후 예보」라는 장(章)에서 "인류의 복지가 최우선이라는 제약없이 [살아있는 행성으로서의] 지구의 건강을 고려할" 필요성을 주장합니다. 그는 다음과 같이 말합니다.

---

11 같은 책, pp.251~252.

> 나는 지구의 건강을 우선시한다. 왜냐하면 우리의 생존은 전적으로 건강한 행성에 의존하고 있기 때문이다.[12]

우리는 러브록이 말하는 '건강한' 행성이 무엇을 의미하는지 압니다. 그것은 가이아가 주도권을 쥐고 있는 행성을 말합니다. 즉 생명이 자기 조절 시스템으로 작동하고, 생명의 지속에 도움이 되는 행성적 조건을 유지하는 역할을 수행하는 상태를 가리킵니다. 그의 '가이아 가설'의 언어로 말하면 다음과 같습니다.

> 지구의 대기 구성은 생명의 존재로 인해 동적으로 일정한 상태를 유지한다. 만약에 유기체가 대기의 구성에 영향을 끼칠 수 있다면, 아마도 그들은 지구의 기후를 조절하여 생명에 유리한 상태로 유지시킬 수 있을 것이다.[13]

현재 러브록의 가이아 이론은 많은 비판에 직면해 있습니다. 그중에서 가장 잘 알려진 것은 리처드 도킨스의 비판입니다.[14] '행성 규모의 현상'으로 생각되는 '생명'이 거의 정의불가능한 형이상학적 범주라는 사실은 러브록 자신을 포함해서 많은 사람들이 인

---

12 James Lovelock, *The Vanishing Face of Gaia: A Final Warning*, New York: Basic Books, 2009, pp.35~36.

13 같은 책, p.163.

14 러브록은 그의 책 *The Ages of Gaia*, pp.30~31에서 자신에 대한 비판을 다루고 있다. [역자주] 『가이아의 시대』, 71~73쪽.

정하고 있습니다.[15] 사우스햄튼Southampton 대학의 지구 시스템과학 교수인 토비 타이렐은 최근에 가이아 이론을 진지하게 반박하는 책을 출간했는데, 비록 러브록의 이론 전부까지는 아니지만 그의 많은 통찰들이 오늘날 정상 과학의 일부로 받아들여지고 있다는 사실을 인정하고 있습니다.[16]

여기에서 가이아를 둘러싼 엄밀한 과학적 논쟁을 되풀이하거나, 이 논쟁의 어느 한편에 서는 것은 이 강의의 목적과는 무관합니다.[17] 단지 화성과 지구에서의 생명의 존재 문제에 관한 러브록

---

15 "우리는 모두 생명이 무엇인지 직관적으로 안다. 그것은 먹을 수 있고, 사랑스럽고 혹은 치명적일 수 있다. 하지만 정확한 정의를 요구하는 과학적 탐구 대상으로서의 생명은 훨씬 복잡하다. … 공식적인 생물학의 모든 분야는 이 물음을 회피하고 있는 것 같다." 위의 책, pp.16~17. 아울러 p.39, p.60, pp.200~201도 참고하기 바란다.

16 Toby Tyrrell, *On Gaia: A Critical Investigation of the Relationship between Life and Earth*, Princeton, NJ: Princeton University Press, 2013. 타이렐에 대한 엄격한 비판에 대해서는 다음을 보라: Bruno Latour, "How to Make Sure Gaia Is Not a God of Totality? With Special Attention to Toby Tyrrell's Book on Gaia"(2014년 9월에 브라질의 리우데자네이루에서 열린 콜로키움에서 발표한 원고). 마이클 루스(Michael Ruse)는 그의 책 *The Gaia Hypothesis: Science on a Pagan Planet*, Chicago: University of Chicago Press, 2013에서 가이아에 대한 과학적 논쟁의 상당 부분이 여전히 환원주의적/전체론적(holistic) 접근의 분열을 중심으로 전개되고 있다고 적절히 지적하고 있다. 라투르도 이 점에 대해 언급한다.

17 가이아 논쟁을 둘러싼 과학자들의 최근 견해는 다음과 같다. Timothy Lenton, "Testing Gaia: The Effect of Life on Earth's Habitability and Regulation," *Climatic Change* 52, 2002; James Lovelock, "Gaia and Emergence: A Response to Kirchner and Volk," *Climatic Change* 57, 2003, pp.1~3; Tyler Volk, "Seeing Deeper into Gaia Theory: A Reply

의 비교 연구가 다음과 같은 매력적인 질문을 던지게 했다는 사실을 언급하는 것만으로도 충분합니다: 왜 지구는 지금까지 수십억 년 동안 그렇게 지속적이고 연속적으로 생명이 살기 좋은, 그리고 수억 년 동안 다세포 생물이 살기 좋은 행성일 수 있었을까? 어떻게 해서 산소는 아주 오랜 시간 동안 대기에서 일정한 수준(21%)을 유지할 수 있었을까? 산소가 조금이라도 많았다면 생명은 불길에 휩싸였을 것이고, 조금이라도 적었다면 많은 생명들이 질식해서 죽었을 텐데-.[18] 지질학자 얀 잘라시에비치[19]와 마크 윌리엄스

---

to Lovelock's Response," *Climatic Change* 57, 2003, pp.5~7; James W. Kirchner, "The Gaia Hypothesis: Conjectures and Refutations," *Climatic Change* 58, 2003, pp.21~45; Tyler Volk, "Natural Selection, Gaia, and Inadvertent By-Products," *Climatic Change* 58, 2003, pp.13~19; Michael Ruse, *Gaia Hypothesis: Science on a Pagan Planet*, Chicago: University of Chicago Press, 2013. 러브록의 책과는 별도로 이 논쟁의 역사에 대해서는 다음을 보라: Michael Ruse, *The Gaia Hypothesis*와 John Gribbin and Mary Gribbin, *James Lovelock: In Search of Gaia*, Princeton, NJ: Princeton University Press, 2009, chs. pp.7~10.

18 James Lovelock, *The Ages of Gaia*, pp.28~29. 이 외에도 James Lovelock, *Gaia: A New Look at Life on Earth*, Oxford: Oxford University Press, 1995(초판은 1979)의 제5장 "The Contemporary Atmosphere"를 보기 바란다. [역자주] *Gaia: A New Look at Life on Earth*는 우리말로 번역되어 있다. 제임스 러브록, 『가이아: 살아 있는 생명체로서의 지구』, 홍욱희 옮김, 갈라파고스, 2023. 개정증보판. 초판은 1990년에 동명의 제목으로 범양사에서 나왔다.

19 [역자주] 얀 잘라시에비치(Jan Zalasiewicz, 1954~)는 지질학자, 고생물학자, 지층학자로, 영국 레스터대학교 지리·지질·환경학과 명예교수이다. 2009년부터 2020년까지 인류세를 공식적인 지질시대로 등재하는 문제를 연구하는 '인류세 실무단(AWG: Anthropocene Working Group)'의 의장을 지냈다. 국내에 소개된 책으로는 『지질학: 46억 년 지구의 시간을 여행하는 타임머

가 지구를 "골디락스 행성Goldilocks planet"[20]이라고 부르는 것은 이러한 이유 때문입니다. 화성의 날씨 중에는 "행성 전체에 걸친 장대한 먼지 폭풍"이 있습니다. "심지어는 간단한 몇몇 미생물들을 품고 있을지도 모릅니다. 그러나 그것은 결코 푸르고 쾌적한 땅은 되지 못할 것입니다." 금성은 지구와 동일한 양의 물로 시작했을지 몰라도 행성온난화planetary warming에 시달렸기 때문입니다.

> 지구는 골디락스 행성이다. … 지구는 지금까지 전반적으로 생명에 딱 알맞은 상태였다. 그것도 어느 한 시점에만 그런 것이 아니라 30억 년 동안 계속해서 그래왔다. 물론 대멸종 시기와 같이 아슬아슬한 순간도 있었다. 그러나 생명은 항상 다시 피어나려고 매달렸다. 그것이 지구의 역사를 그 어떤 동화보다도 놀랍게 하였다.[21]

하지만 "왜 지구는 그렇게 오랫동안 지속적으로 생명에 우호적이었을까?"라는 물음은 모두가 의미있다고 생각하는 것은 아닙니다. 일부 과학자들은 이러한 질문이 인간에게 자연스러워 보이는

신』, 『인류세 책: 행성적 위기의 다면적 시선』(공저)이 있다.

20 [역자주] '골디락스 행성(Goldilocks planet)'은 '지구상의 생명체들이 살기에 적합한 환경을 갖춘 행성'이라는 뜻이다. 여기에서 '골디락스'는 19세기 영국의 동화 『골디락스와 곰 세 마리(Goldilocks and the Three Bears)』에서 유래한 말로, 이 동화에 나오는 소녀 골디락스가 '딱 맞는 것'을 좋아하기 때문에 지구에 대해서도 이러한 이름을 붙인 것이다.

21 Jan Zalasiewicz and Mark Williams, *The Goldilocks Planet: The Four Billion Year Story of Earth's Climate*, Oxford: Oxford University Press, 2012, pp.1~2.

이유는, 커다란 뇌를 가진 복잡한 생물인 우리 인간은 생명의 끊임없는 진화의 장대한 여정의 맨 끝에서만 나올 수 있었기 때문이라고 말합니다. 하지만 생명 그 자체, 즉 최초의 생명에서 우리에 이르기까지의 노정은 단지 엄청난 행운의 사건일 수 있습니다. "우리가 여기에 있기 때문에 일어난 일이지만, 태양계 전체의 숫자를 고려해 보면 – '누군가 주사위를 10번 던진다' – 이 외에 또 무엇을 기대할 수 있을까요?"[22] 지구물리학자 레이몬드 피에르훔베르트는 지구에서 생명체의 성공이 거대한 요행이라고 생각하지는 않지만, "거주가능성habitability 문제"는 "아직 끝나지 않았다"고 봅니다.[23] 어떤 사람들은 타당한 이유를 가지고 이렇게 말합니다.

> 이 문제를 정식화하고 숙고할 수 있을 정도로 복잡하고 지적인 종(種)을 진화시킬 만큼 생명을 환대하는 행성의 요소가 무엇인지를 말하기 전에, 우리는 먼저 대기 중의 산소 농도가 지구와 비슷한 행성에 대해서 좀 더 연구할 필요가 있다. 하지만 하나의 샘플만 가지고는 아무 것도 말할 수 없다.[24]

토비 타이렐은 가이아가 모든 상황에서 생명을 보호하는 항상적 초유기체homeostatic superorganism처럼 행동한다는 생각에는 비판

---

22 Ruse, *Gaia Hypothesis*, p.219. 10이라는 숫자는 우주의 모든 것을 눈에 볼 수 있다고 하는, 당시에 유행하는 가정에 기초한 태양계 개수의 추정치였다.

23 Raymond T. Pierrehumbert, *Principles of Planetary Climate*, Cambridge: Cambridge University Press, 2010, p.14.

24 Toby Tyrrell, *On Gaia*, p.176.

적입니다. 그는 앤드류 왓슨과 같은 입장을 취하는데, 왓슨은 러브록이 한때 유명한 '데이지 세계 모델'[25]을 만들었을 당시에 협력자였다. 즉, 생명이 시작된 이래로 행성이 생명을 완전히 소멸시킨 적이 없었던 것은 "비록 메카니즘이 그다지 잘 작동하지는 않았지만, 뜻밖의 행운과 환경안정화 메카니즘"의 조합 때문이라는 것입니다.[26]

그래서 기후 위기는 행성에서의 생명의 조건을 둘러싼 매우 심각한 물음들을 제기하고, 이러한 질문들의 맥락에서 인간을 볼 것을 촉구합니다. 이 물음들은 제가 '생명 중심적 세계관'이라고 부르는 데에서 유래합니다. 기후 정의에 관한 문헌에 나오는 인간 중심적인 1인당 배출량 수치로는 이 시점에 도달할 수 없습니다. 여기에서 말하는 관련 수치는 1인당 배출량이 아니라, 인간이 행성에서 수많은 다른 생명체들에게 압력을 가하는 인간 종의 확장에 관

---

25 [역자주] 데이지 세계 모델(Daisy Worlds Model): 러브록이 "지구도 하나의 생명체처럼 자신을 스스로 조절하는 존재이다"라는 가이아 이론을 제시하자 반발하는 과학자들이 나왔다. 그래서 러브록은 자신의 이론을 증명하기 위해서 컴퓨터 모형을 만들었는데, 그것이 '데이지 세계'이다. 데이지 세계는 지구와 비슷한 행성인데, 검은색 데이지와 흰색 데이지의 두 종류 식물만 살고 있다. 그런데 시간이 지나서 행성이 더워지기 시작하자 흰색 데이지는 온대 지역으로, 검은색 데이지는 극지방으로 이동하는 식으로, 환경에 따라 거주지를 이동하였다. 이 실험은 환경이 생물에 영향을 미치고, 생물이 다시 환경에 영향을 미치면서 지구가 안정된 상태를 유지한다는 사실을 보여준다. 이상의 설명은 이한민, 〈'데이지의 세계' 숨 쉬는 지구의 비밀〉, 《어린이 강원일보》, 2015.10.22.를 참고하였다.
(http://www.kidkangwon.co.kr/news/articleView.html?idxno=12419)

26 Toby Tyrrell, *On Gaia*, pp.188~189.

한 이야기입니다. 네델란드 학자 롭 헨게벨트Rob Hengeveld의 연구는 이 문제를 잘 설명하고 있습니다. 인간은 존재의 대부분을 한 생명체의 폐기물이 다른 생명체의 자원이 되는 삶의 패턴에 맞춰 살아왔고, 생명은 이러한 폐기물의 재활용이라는 자연의 과정에 의존해서 살아가고 있습니다. 지금 우리는 인류의 인구수와 생산과 소비로 인해 분해나 재활용을 할 수 없는 수많은 폐기물을 생산하고 있습니다. 우리 삶의 많은 부분을 차지하는 플라스틱이 단적인 예입니다. 과도한 이산화탄소도 마찬가지입니다. 동시에 현재 화석연료에 의해 공급되고 있는 풍부하고 저렴한 에너지에 대한 인간의 의존도 피할 수 없게 되었습니다. (금세기 말로 예상되는)100억에서 120억 규모의 인구를, 심지어는 현재의 70억 규모의 인구를 관리하기 위해서는 에너지 수요가 계속해서 증가하는 복잡한 조직의 창출이 필요하기 때문입니다.[27]

과거의 역사를 돌아보든 미래의 상황을 예측하든, 비교적 최근의 인구 증가는 화석연료 이야기와 관련되어 있습니다. '피크 오일peak oil 이론가'인 존 마이클 그리어는, 결국 "화석연료 에너지만

---

27 1750~2010년 사이의 지구 인구와 에너지 사용에 대한 수치에 대해서는 Will Steffen et al., "The Trajectory of the Anthropocene," *Anthropocene Review*, 2015를 보기 바란다. 아울러 Rob Hengeveld, *Wasted World: How Our Consumption Challenges the Planet*, Chicago: University of Chicago Press, 2012, part 2, ch.1, section D도 참고하기 바란다. [역자주] 이 책은 우리말로도 번역되어 있다. 롭 헹거벨트, 『훼손된 세상: 우리의 소비가 지구를 망치고 있다』, 서종기 옮김, 생각과사람들, 2013.

이 오랜 농업 패턴을 깨고 산업 세계를 건설할 수 있었다"고 하였습니다.[28] 화석연료에서 추출한 풍부하고 저렴한 에너지가 인간에게 주는 혜택은 셀 수 없을 정도로 많습니다: 질적으로 양적으로 향상된 식량, 주거와 의복의 개선, 많은 곳에서 보다 위생적이고 건강한 환경, 공공 안전(치안 개선), 그리고 더 나은 조명 등.[29] 20세기에 들어서 인류의 인구와 평균 수명의 기하급수적인 증가는 일반적으로 화석연료와 깊은 관계가 있습니다. 화석연료는 인공비료, 살충제, 관개용 펌프, 그리고 항생제와 같은 일상 의약품 제조에서의 석유화학 물질에 사용됩니다.[30]

인도나 중국과 같은 신흥 강대국들은 수십억 명의 중국인과 인도인을 빈곤에서 벗어나게 해야 하는 필요성을 언급하면서, 가

---

28 John Michael Greer, "Progress vs. Apocalypse," *The Energy Reader*, edited by Tom Butler, Daniel Lerch, and George Wuerthner, Sausalito, CA: Foundation for Deep Ecology, 2012, p.97. 초기 근대를 연구하는 역사가들은 전통 농업에서 근대 농업으로의 이행과 산업혁명의 시작 간의 관계에 대해서 정당한 논쟁을 제기할지 모른다. 하지만 큰 틀에서 보면, 산업화와 근대 농업이 모두 화석연료에 크게 의존하고 있는 것은 명백하다. 나는 이 주제에 대해서 제라드 시아니(Gerard Siarny)와의 토론에서 도움을 받았다.

29 Rob Hengeveld, *Wasted World*, p.53, p.98. [역자주] 한글 번역서로는 『훼손된 세상』, 75쪽, 126쪽.

30 다음을 참고하라. Vaclav Smil, *Harvesting the Biosphere: What We Have Taken from Nature*, Cambridge, MA: MIT Press, 2013, p.221; Butler, Lerch, and Wuerthner, *The Energy Reader*, pp.11~12. 그리고 헹거벨트의 다음 말도 참고하기 바란다: "인류 역사를 통틀어서 기대 수명은 짧았다. 일반적으로 30여년 정도에 불과하였다." Rob Hengeveld, *Wasted World*, p.31, pp.50~51. [역자주] 『훼손된 세상』, 52쪽, 71~73쪽.

장 문제가 되는 화석연료인 석탄의 지속적인 사용과 배출량의 증가를 정당화합니다. 중국은 이미 세계 최대의 이산화탄소 배출국으로, 1인당 배출량도 EU를 넘어섰습니다.[31] 이것은 단순히 이산화탄소 배출에 관한 이야기가 아닙니다. 인간 종이 다른 종의 삶에 가한 압력에 관한 이야기이고, 따라서 궁극적으로는 우리 자신의 삶의 조건에 가한 압력에 관한 이야기이기도 합니다. 이 문제는 많은 학자들이 지적했듯이, 기후 위기와 무관하지 않습니다. 왜냐하면 대기와 바다의 온난화는 해수면을 상승시켜 해안 거주지, 도시, 섬을 위협할 뿐만 아니라 바다를 더욱 산성화시켜 해양의 생물 다양성을 변화시키기 때문입니다.[32] 지속적인 인류의 인구 증가가 전 세계의 생물다양성을 위협하고 있는 현실은 이제 생태학 서적에서 흔히 볼 수 있는 내용입니다.[33] 그리고 바츨라프 스밀이 지적했듯이, 인간과 가축은 현재 생물권에서 생산되는 양의 약 95%를 소비하고 있기 때문에, 실제로 야생동물에게 남는 것은 5%에

---

31 Steffen et al., "Trajectory of the Anthropocene."

32 Lisa Ann-Gershwin, *Stung! On Jellyfish Blooms and the Future of the Ocean*, Chicago: University of Chicago Press, 2013, ch.10; Naomi Oreskes, "Scaling Up Our Vision," *Isis* 105, no.2, June 2014, 특히 p.388; James Hansen, *Storms for My Grandchildren: The Truth about the Coming Climate Catastrophe and Our Last Chance to Save Humanity*, New York: Bloomsbury, 2009, pp.165~66.

33 Rob Hengeveld, *Wasted World*, pp.164~165. [역자주] 『훼손된 세상』, 201~203쪽.

불과합니다.[34] 가난한 사람들이 온실가스 배출에 대한 책임이 크지 않은 것은 사실이지만, 그들도 인간 종의 일부입니다.

행성에 사람이 많으면 많을수록 사회는 더욱 복잡해지고, 사회를 유지하는 데 필요한 "무료free" 에너지의 양은 점점 많아집니다.[35] 금세기 말까지 인류의 인구가 예상대로 100억에서 120억에 도달한다면, 그것을 유지하기 위해서는 지금보다 훨씬 많은 값싸고 풍부한 에너지가 필요할 것입니다. 듀크대학Duke University의 지질학자 피터 해프는 최근에 "이렇게 거대한 인구를 유지하려면 기술이 생물학과 결합해야 한다"고 주장했습니다. 그는 인간이 거주하고 있는 세계를 정의하면서 "기술권technosphere"이라는 시사적인 개념을 제시합니다. 그리고 다음과 같이 말합니다.

> 현대문명과 "그것을 구성하는 7 × 109 명의 인간은 지구적인 기술의 확산과 대규모로 네트워크화된 기술들, 즉 지구로부터 대량의 무료 에너지를 신속하게 추출할 수 있고, 그에 따른 발전(發電), 그리고 식량을 비롯한 재화들을 지역적, 대륙적, 지구적으로 분배할 수 있는 장거리 커뮤니케이션을 가능하게 하는 일련의 기술들이" 없으면 생존할 수 없다.

---

34 Dipesh Chakrabarty, "Climate and Capital: On Conjoined Histories," *Critical Inquiry*, Fall 2014, pp.1~23에 인용된 바츨라프 스밀(Vaclav Smil)의 말을 참고하기 바란다.

35 Rob Hengeveld, *Wasted World*, pp.66~70, p.129. [역자주] 『훼손된 세상』, 90~92쪽, 161~2쪽.

수많은 인간 생명의 존속가능성의 조건을 제공하는 이 네트워크화된 기술이 그가 말하는 "기술권"이고, 인간은 이 복잡한 전체에서 지각을 가진 일부에 불과합니다. 해프에 따르면, 인류가 "지금과 같은 규모라면 기술권의 존재에 깊게 의존하고 있습니다." "기술권이 제공하는 지원 구조와 서비스가 없다면" 인류는 크게 붕괴될 것입니다.[36] 따라서 기술은 "지구사Earth history의 새로운 패러다임의 개막"을 나타낸다고 그는 주장합니다. 기술은 대규모 인류의 존속existence과 인간이 소비하는 동물의 전제조건이 되었기 때문에 "다음 세대의 생물학"으로 간주될 수 있습니다.[37] 그것은 마치 라투르가 특유의 기지에 넘치는 말투로 표현했듯이, 가이아 사고의 유산이 갈수록 기술화되는 "호흡 조건을 명시하라고 우리 모두에게 강요하는 것과 같습니다: 숨막히는 고풍스런 과거에서 벗어나서 또 다른 숨막히는 미래로 향하고 있습니다!"[38] 기술권에 관한 해프의 테제는 행위 주체agency의 문제나 인과적·도덕적 책임의 분배 문제도 복잡하게 만듭니다. 인간 때문에 산업화된 삶을 사는 동물들이 대기 중에 심각한 양의 메탄을 생산한다면, 여기에 산업화된 인간의 삶이 동일한 계열의 온실가스를 추가한다면, 그리고

---

36 P. K. Haff, "Technology as a Geological Phenomenon: Implications for Human Well-Being," *A Stratigraphical Basis for the Anthropocene*, edited by C. N. Waters et al., *Geological Society, London, Special Publications* 395, 2014, pp.301~2. http://dx.doi.org/10.1144/SP395.4.

37 위의 논문, p.302.

38 Bruno Latour, "Facing Gaia," Lecture 5, p.107.

그런 삶의 방식이 값싸고 풍부한 에너지에 접근가능할 때에만 지속 가능하다면, 기후 문제를 야기한 원인으로 인간 종을 비난하는 논의조차도 행위 주체agency의 문제를 잘못 이해하는 것이 됩니다. 분명 '인위적' 기후변화는 인간과 동물의 삶이 한데 어우러져서 하나의 인과적 복합체, 즉 기술과 인간과 비인간의 앙상블을 형성하는 지점까지 산업화된 데에서 기인합니다. 하지만 오직 인간에게만 어떤 '도덕적' 책임이 부여될 수 있습니다(왜냐하면 인과적 책임은 분산되어 있기 때문입니다).

이 시점에서 지구의 유한성에 관한 익숙한 테제들이 떠오릅니다. 만약에 금세기 말에 인류의 인구가 100억이나 120억까지 상승한다면, 그리고 사람들이 보다 많은 에너지와 개발에 대한 자신의 권리를 정당하게 행사한다면, 값싸고 풍부한 에너지를 어디에서 가져올 수 있을까요? 만약에 그것들을 모두 재생에너지에서 가져온다면, 이는 지구가 매일 태양으로부터 받는 대량의 유한한 에너지를 독차지한다는 것을 의미합니다. 그렇다면 인간은 지구의 다른 과정과 생명체로부터 이 행성이 받는 에너지의 몫을 빼앗는 것이 아닐까요? 해프는 인간이 언젠가 지구공학을 이용해서 "지구가 놓치고 있는 우주 공간의 광자 에너지"를 포착하여 "(마이크로웨이브의 형태로) 지구 표면에 전송하는" 모습을 상상합니다.[39] 라투르는 지질학자들로부터 제공받은 몇 가지 관련 숫자들을 인용합

39 P. K. Haff, "Technology as a Geological Phenomenon" p.308.

니다: 인류문명은 "이미 12테라와트(1,012와트)의 전력으로 가동되고 있습니다." 만약에 전 세계가 미국과 같은 소비 수준으로 발전한다면 에너지 소비량은 100테라와트까지 늘어날 것인데, 이 수치는 "판구조론적 힘이 40테라와트 이하의 에너지밖에 생산하지 못한다는 점을 고려하면 놀랍다"라고 라투르는 적절하게 설명합니다.[40] 게다가 우리에게 필요한 지구 면적을 찾는다면 지구 크기의 행성이 다섯 개나 더 필요할 것이라고 라투르는 덧붙입니다.[41] 저명한 환경과학자인 바츨라프 스밀은 눈높이를 약간 낮춰서, 그의 놀라운 책 『생물권의 수확: 우리가 자연으로부터 취한 것』의 마지막 문장에서 다음과 같이 말하고 있습니다.

> 만약에 저소득 국가들의 수십억 명의 가난한 사람들이 현재 부유한 경제권에서 거두고 있는 1인당 수확량의 절반만이라도 주장한다면, 지구의 1차 생산물 중에서 자연 상태에 가까운 것은 별로 없게 되고, 인간 이외의 포유류 종에게 돌아가는 것은 극히 드물 것이다.[42]

부유층과 빈곤층 사이의 기후 정의가 주장되고 있는 것은 의심할 여지가 없습니다. 그러나 정의 논의는 한계를 사고하는 데에는 서툽니다. 기후 정의 논의는 선진국들이 지금까지 독식해 온 전 세계의 탄소 흡수원에 대해서 모든 인간이 동등한 권리를 가진다

---

40 Bruno Latour, "Facing Gaia," Lecture 4, p.76.

41 Bruno Latour, "Facing Gaia," Lecture 5, p.126.

42 Vaclav Smil, *Harvesting the Biosphere*, p.252.

고 하는, 민주적이면서도 인도적이지만 인간 중심적인 가정 위에 성립하는 1인당 배출량에 기초하고 있습니다. 이러한 입장은 인도 같은 정부에서도 인기가 있습니다. 인도의 프라카시 자바데카르 Prakash Javdekar 환경 장관은 2014년 9월에 가진 『뉴욕타임즈』와의 인터뷰에서 "과학자들이 말하는 기후 위기의 도래에 대한 책임은 역사적으로 전 세계의 가장 거대한 온실가스 배출국인 미국에 있다"고 하면서, "인도가 탄소배출을 감소해야 한다는 생각"을 부정했습니다.

> "무슨 감소? … 그건 선진국 이야기입니다. 역사적 책임의 도덕적 원칙은 씻을 수 없습니다." … 인도가 경기 침체를 겪으려면 적어도 30년은 있어야 할 것이라고 그는 말했다. 자바데카르는 "인도의 첫 번째 과제는 빈곤 퇴치입니다"라고 말했다. … "우리는 인구의 20%가 전기를 사용하지 못합니다. 이것이 우리의 최우선 과제입니다. 우리는 더 빠르게 성장할 것이고, 탄소 배출량도 증가할 것입니다."

"인도는 향후 수십 년 안에 3억 명 이상의 사람들에게 전기를 제공하기 위해 노력하고 있다", "인도의 탄소 배출량은 두 배로 늘어나고, 미국과 중국을 능가할 것으로 예상된다"라고 『뉴욕타임즈』 기자는 덧붙였습니다.[43]

이에 대해 생명 중심적 견해는 1인당 배출량보다는 인간종 배

---

43 Coral Davenport, "Emissions from India Will Increase, Official Says," *New York Times*, September 23, 2014. 나로 하여금 이 보고서에 관심을 갖게 해준 셸든 폴락(Sheldon Pollock)에게 감사드린다.

출량에 방점을 둡니다. 지배적인 종으로서의 인류는 자신의 번영만을 생각하여 자신과는 다른 종들의 생명 형태를 산업화했습니다. 그래서 인구의 규모가 중요합니다. 한편 양자를 조화시켜서 "수축과 수렴의 시나리오"를 만들려는 기후 정의 사상가들이 있습니다. 거기에서 인류는 모든 나라가 동등하게 발전하고, 부유한 나라들은 모든 차원의 소비를 줄이는 방법을 배우며, 모든 인간들이 전체 인구수와 자원 소비를 억제하려고 노력합니다.[44] 하지만 여기에서 다시 몇 가지 지구적global 일정이 불일치하는 상황이 발생합니다. 대기 공간과 관련된 인간들 사이의 분배적 정의를 달성하기 위한 일정은 기본적으로 무제한적이면서 열려 있는 달력입니다. 일상 정치를 구성하는 규범적이면서도 정치적으로 실용적이고 현실주의적인 논쟁들의 불가피한 혼합물을 사용한다면, 우리는 언제 어떻게 세상이 보다 공정해질지 알지 못합니다. 그러나 IPCC는 우리에게 "위험한 기후변화", 즉 평균 기온 2도 이상의 상승을 피하기 위한 매우 명확하고 제한된 지구적 행동의 일정을 제시합니다. 토비 타이렐은 다음과 같이 말합니다.

> 우리는 지금 지구를 지구의 최근의 역사 바깥으로 몰아내고 있다. 지난 80만 년 동안 대기 중의 이산화탄소가 0.03% (300 ppm)를 넘은 적은 없었다. 하지만 … 우리는 이미 그것을 400 ppm 가깝게 상승시켰고,

44 Thomas Athanasiou and Paul Baer, *Dead Heat: Global Justice and Global Warming*, New York: Seven Stories Press, 2002, p.75, cited in Steve Vanderheiden, *Atmospheric Justice*, p.74.

증가 속도는 여전히 가속화되고 있다. 우리가 대기 중에 이산화탄소를 추가하는 속도는 아마 지난 5,000만 년 동안 유례가 없을 것이다.[45]

2015년의 배출 추세로 보면, 기온 상승을 1.5도로 억제할 가능성은 6년 후에는 66%로, 10년 후에는 50%로 떨어집니다. 2도로 억제할 가능성은 21년 후에는 66%로, 28.4년 후에는 50%로 떨어집니다.[46] 이 예상조차도 너무 낙관적일지 모릅니다. 클라이브 해밀턴은 다음과 같이 경고했기 때문입니다.

행성은 이미 산업혁명 이전의 평균 기온보다 0.8도 더워졌다.

시스템의 관성으로 인해 2.4도 상승은 이미 확정되었고, 2070년에는 아마도 4도에 도달할 것이다.

4도 상승은 해밀턴의 말에 의하면 "미지의 영역"입니다.[47] 분배

---

45 Toby Tyrrell, *On Gaia*, pp.212~13. 대기 중 이산화탄소의 농도(ppm)는 2012년 12월에는 394.28, 2013년 12월에는 396.81, 2014년 12월에는 398.78, 그리고 2015년 2월 첫째 주에는 400.18이었다. 이 수치는 하와이 마우나로아 천문대(Mauna Loa Observatory)에서 작성한 평균값으로, http://co2now.org/에서 가져온 것이다. [역자주] 2024년 4월에는 426.57이다.

46 "Six years worth of current emissions would blow the carbon budget for 1.5 degrees," *Carbon Brief*, November 13. 2014. http://www.carbonbrief.org/blog/2014/11/six-years-worth-of-current-emissions-would-blow-the-carbon-budget-for-1-point-5-degrees/.

47 Clive Hamilton, "Utopias in the Anthropocene,"(학술대회 발표 원고) American Sociological Association, Denver, August 17, 2012, p.3. 이 논문을 공유해 준 해밀턴 교수에게 감사드린다. 또한 다음 자료도 참고하기 바란다. Robert J. Nicholls et al., "Sea-level Rise and Its Possible Impact

적 정의의 달력과 (IPCC가 제시하는)지구적 행동의 달력은 아마 조화를 이루지 못할 것입니다. 기후 정의와 기후 정치에 대한 추구는 우리가 위험한 기후변화라는 '십자가의 길'[48]을 여행해야 함을 의미할 수도 있습니다. 기후 정의를 위한 우리의 투쟁은 어쩌면 현재보다 훨씬 더 기후 스트레스가 심하고 훨씬 더 불공정한 세상에서 전개되어야 할지 모릅니다.

3. 기후변화와 시대 의식

그렇다면 시대 의식으로서의 기후변화는 분할된 정치적 주체로서의 인류인 '호모'와 지질학적 힘으로서, 하나의 종으로서, 집단적이고 의도하지 않은 형태의 존재인 이 행성의 생명의 역사의 일

Given a 'Beyond 4°C World' in the Twenty-First Century," *Philosophical Transactions of the Royal Society A* 369, 2011, pp.161~81; Richard A. Betts et al., "When Could Global Warming Reach 4°C?" Ibid., pp.67~84. 베츠(Betts) 등은 "최선의 추정치는 2070년대에 4도 상승할 것이라는 것이고, 만약에 탄소 순환 되먹임이 강하다면 2060년대 초반에 도달할 수도 있다"라고 보고했다. 또한 니콜라스(Nicholls) 등의 계산에 의하면, 만약에 대응조치가 실패할 경우에, 남아시아, 동남아시아, 동아시아의 해안 지역에서 이주하는 인구는 시나리오에 따라서 적게는 7,200만 명, 많게는 1억 8,700만 명에 달할 것이라고 한다.

48 [역자주] 원문은 '비아 돌로로사(Via Dolorosa)'이다. 비아 돌로로사는 직역하면 '슬픔의 길'이라는 뜻으로, 예수가 십자가를 지고 골고다 언덕까지 갔던 800미터 길이의 '십자가의 길'을 의미한다.

부로서의 '앤트포로스' 사이의 분열을 중심으로 구성됩니다. 앤트로포스라는 관념은 인간의 역사를 행성의 지질학적이고 진화적인 역사에 종속시킴으로써 인간을 중심에서 벗어나게 합니다. 야스퍼스는 "시대 의식은 결론의 여지rest를 주지 않고 인간에게 주어졌다granted"고 하였습니다. 그리고 그러한 의식을 유지하기 위해서는 "체력이 필요한데," 그 이유는 "해결 불능이라는 긴장 속에서 견딜 것이 요구되기 때문이다."라고 썼습니다.[49] 앞에서 언급했듯이, 그렇다고 해서 단기적인 정치나 인간들 사이의 정의 문제를 둘러싼 갈등의 공간을 배제하자는 뜻은 아닙니다. 또한, 행성의 수용 능력을 계산해서 맬서스식의 해결책을 서두르거나, 현재의 생활 수준에서 행성이 실제로 몇 명이나 부양할 수 있는지에 관한 대량학살적 추측에 빠져들 필요도 없습니다. 시대 의식은 그런 사고를 추동시키는 기분들을moods 인정하고, 그것들을 기후 위기가 만들어내는 다양한 기분들의 스펙트럼으로 인식합니다.

야스퍼스는 시대 의식을 도구적으로 보지 않기 때문에, 그것이 행성적 문제에 대한 실용적 해결책이라고는 생각하지 않았습니다. 그는 다음과 같이 썼습니다.

> 이러한 종류의 사고는 인류의 자기 보존을 위한 수단이 아니다. 그것

49 Karl Jaspers, *The Atom Bomb and the Future of Man*, p.10, pp.12~13. [역자주] 이 구절은 p.12에만 나온다. 한글 번역서로는 『原子彈과 人類의 未來(上)』 제1장 「새로운 사태」, 38쪽. 참고로 야스퍼스의 이 문장은 제1강 제1장의 후반부에서도 인용된 적이 있다.

을 하나의 계획에 포함시키는 것은 쓸데없는 일로, 그렇게 하면 항상 계획을 망칠 것이다.[50]

그러나 그는 이러한 의식이나 사고의 이용 가치에 대해서는 낙관적이었습니다. "이성의 존재existence는 자유의 미덕에 의해서, 그리고 원자폭탄의 위협에 맞섬으로써, 인류의 생존existence을 구제할 수 있는 삶을 가져다 줄 수 있다."라고 그는 말했습니다.[51] 야스퍼스가 이러한 자신감을 가질 수 있었던 것은 이성에 대한 생각 때문이었습니다. 그렇다고 해서 그것이 안이한 이성론은 아니었습니다. 그는 "인간의 포악함, 탐욕, 모험심, 그리고 삶을 내던지는 데에서 느껴지는 우월감의 욕망"을 잊지 않았습니다.[52] 또한 수많은 경제적 계산을 추동시키고 "인간을 자기로부터 소외시키는" "맹목적인 이기심"도 의식하고 있었습니다.[53] 또한 그에게 있어 이성은 "무한한 생산과 총체적 파괴를 모두 가능하게 하는 생산과 파괴의 도구를 동시에 생산하는" 기술 혁신의 문제도 아니었습니다.[54]

---

50 위의 책, pp.217~18. [역자주] 『原子彈과 人類의 未來(下)』 제13장 「이성」, 59쪽.

51 [역자주] 저자는 이 단락 맨 끝에서 이 단락 전체의 인용문의 출처에 대해서 다음과 같이 한꺼번에 주를 달고 있다: "위의 책, pp.217~18, pp.213~14." 그러나 이들 페이지에서 본문의 인용문은 찾지 못했다.

52 [역자주] 위의 책, pp.213. [역자주] 『原子彈과 人類의 未來(下)』 제13장 「이성」, 52쪽.

53 역자주] 같은 책, pp.214. [역자주] 『原子彈과 人類의 未來(下)』 제13장 「이성」, 52쪽.

54 같은 책, pp.217~18, pp.213~14.

이성을 인간의 "진정한 본질"로 정의한 야스퍼스는 자신의 동료들이 이성이라는 공통의 기반 위에 설 수 있다고 생각하면서 다음과 같이 말했습니다.

> (모든 인류의 역사에서) 오직 한 가지만이 확고부동하다. 그것은 바로 이성에 대한 의지, 무한한 소통에 대한 의지, 그리고 모든 인간을 잠재적으로 연결하는 사랑에 대한 의지를 전제하고 있다는 점이다.[55]
>
> 우리가 이성을 불신하고 이성에 대한 인간의 감수성을 의심한다면, 그것은 인간을 신뢰하지 않는 것이다.[56]

그러나 동시에 그는 시대 의식이 "공통적인 것the common"을 창조하려는 노력과 불가피하게 중첩되어 있다고 보았습니다.

> [동료들과의 소통] 기회를 포기하지 않으려는 모습은 인간 자체에 대한 신뢰를 보여준다.[57]

---

55 같은 책, p.222. [역자주] 『原子彈과 人類의 未來(下)』 제13장 「이성」, 67쪽.

56 같은 책, p.307. [역자주] 『原子彈과 人類의 未來(下)』 제17장 「이성과 민주주의」, 215쪽.

57 [역자주] 이 문장의 원문은 "To refuse to give up this chance [of communication between fellow human beings] shows [a lack of] faith in man as man"으로, '신뢰(faith)' 앞에 '결여(a lack of)'라는 말이 삽입되어 있다. 그런데 이대로라면 "인간의 신뢰[의 결여]를 보여준다"가 되어 문장의 의미가 어색해진다. 실제로 원문을 찾아보면 "a lack of"라는 말은 없다: "To refuse to give up this chance shows faith in man as man." 아마도 차크라바르티가 인용하는 과정에서 잘못 삽입한 것 같다. 참고로 일본어 번역서에서는 "[인간끼리의 의사소통의] 기회를 거절할 때, 거기에는 인간의 인간다움에 대한 신뢰[의 결여]가 노정된다"고 되어 있다. 차크라바르티가 보충한

그리고 "진리는 둘이 있을 때 시작된다"는 니체의 말을 인용합니다.[58] 야스퍼스는 또한 철학이라는 분과 학문에 있는 전문 철학자로서가 아니라 한 사람의 사상가로서 동료들에게 말하고 있다고 분명하게 밝힙니다.

> 이성은 인간 그 자체에 속해 있습니다. 이성은 정직하고 인내심 있고 이타적으로 생각하는 사람이라면 누구나 기를 수 있습니다.[59]

이성은 인간을 분열시키는 집단적 연대의 편협한 감정을 뛰어넘는 인류의 형제애를 창조할 수 있는 잠재력을 가지고 있습니다. 과학은 인간을 "순수하게 지적으로만" 연결하는 반면, "이성은 모든 인간에 속해 있습니다. 그것도 단지 특별한 이해의 영역이 아니라 인간 존재 전체에 속해 있습니다. 그것은 삶의 방식, 감정, 욕망 등이 전혀 다른 인간들을 연결하고, 인간이 다양성으로 인해 분리되는 것보다도 더 강력하게 인간을 연결합니다."[60]

우리 모두가 물려받은 사유 전통에서, 인간 이외의 존재를 포함한 모두의 이익을 위해서 행성을 관리할 수 있는 능력을 갖춘 지적인 종의 역할을 의식적으로 수행할 수 있는 인류의 진정한 잠

"a lack of"는 살리는 대신 원문에 있는 "give up"을 빼고 번역함으로써 전체의 의미가 통하게 한 것이다(『人新世の人間の条件』, 77쪽).

58 같은 책, p.223. [역자주] 『原子彈과 人類의 未來(下)』 제13장 「이성」, 69쪽.

59 같은 책, p.229. [역자주] 『原子彈과 人類의 未來(下)』 제13장 「이성」, 80쪽.

60 같은 책, p.229. [역자주] 『原子彈과 人類의 未來(下)』 제13장 「이성」, 80~81쪽.

재력을 이성에서, 그리고 행성적/지구적 관점을 취할 수 있는 인간의 능력에서 발견한 사람은 야스퍼스뿐만은 아닙니다. 라빈드라나트 타고르나 프란츠 파농[61]과 같은 20세기의 반제국주의 사상가들도 비슷한 생각을 했습니다. 그러나 그 전통은 20세기 이전으로 거슬러 올라갑니다. 데보라 코엔은 최근의 에세이에서, 19세기 비엔나의 자유주의 정치가이자 지질학의 선구자로, '생물권biosphere' 개념을 창안한 에두아르트 쥐스[62]의 생각에 우리를 주목하게 하였습니다. 쥐스는 지질학이 인간의 편협한 부족적 의식을 극복하는 데 도움이 될 수 있는 학문이라고 낙관적으로 생각했습니다. 코엔이 말한대로, 쥐스는 "행성적 관점"이 "인류를 다른 생명체보다 특권화하지 않는 정치"로 이어진다고 보았습니다.[63] 쥐스는 다음과 같이 썼습니다.

61 [역자주] 프란츠 파농(Frantz Fanon, 1925~1961)은 프랑스의 정신과 의사 및 작가이다. 서인도 제도의 한 섬에서 태어난 파농은 청년 시절에 프랑스에서 의학 공부를 비롯하여 심리학, 철학 등을 공부하였다. 그 후 프랑스에 대항하여 독립운동을 전개하고 있는 알제리로 건너가서 정신분석 의사로 활동하였다. 우리말로 번역된 그의 작품으로는 『검은 피부, 하얀 가면』, 『대지의 저주받은 사람들』, 『알제리 혁명 5년』이 있다.

62 [역자주] 에두아르트 쥐스(Eduard Suess, 1831~1914)는 오스트리아의 지질학자로, 비엔나대학 지질학과 교수를 역임했다. 지각구조론의 창시자이며 지구수축설을 주장하였다. 저서로 『지구의 생김새』 등이 있다.

63 Deborah R. Coen, "What's the Big Idea? The History of Ideas Confronts Climate Change", 2014, p.19. 이 미발행 원고를 공유해 주신 코엔 박사에게 감사드린다.

편견과 이기주의, 무엇보다도 우리가 익숙하게 다루는 것들의 사소함이 우리의 시야를 좁히는 장벽을 세웠다. 만약에 그것들이 제거된다면, 그래서 부르주아적 삶이 제공하는 좁은 시공간 개념을 버리고, 우리 또는 우리 종을 기준으로 삼아서 여기서는 유리함을 보고 저기서는 불리함을 보는 식의 야비하고 자기중심적인 관점으로 세상을 보지 않고 사실을 있는 그대로 인정하기로 결심한다면, 우주는 우리에게 말할 수 없는 웅장한 이미지를 드러낸다.[64]

여기에서 쥐스는 거대한 스케일로 생각하는 것이 인류의 유대감이나 '지구 시민의식'으로 이어진다고 가정하고 있습니다. 이러한 가정은 저의 전공인 역사학에서 '빅 히스토리big/deep history'라는 분야로 부활하였습니다. 이 운동의 선구자인 데이비드 크리스천의 작품에서는, 다른 빅 히스토리 역사가들의 저작에서와 마찬가지로, 인간 종의 역사는 '인류humanity'의 역사와 매끄럽게 융합됩니다. 크리스천은 다음과 같이 쓰고 있습니다.

이렇게 확장된 형태의 역사는 … 전 세계의 개인과 공동체가 한때 서로 다른 종교적 전통의 우주론 안에 자신들을 자리매김했던 것처럼, 우주 전체의 진화이야기의 일부로 자신들을 조망할 수 있게 해줄 것이다. … 이 공유된 역사를 이해하는 것은, 마치 민족주의 역사학이 서로 다른

64 쥐스의 이 말의 출처는 다음과 같다: Brigitte Hamman, "Eduard Suess als liberaler Politiker," Eduard Suess zum Gedenken, edited by Günther Hamman, Vienna: Akademie der Wissenschaften, 1983, p.93. Coen, "What's the Big Idea?" pp.18~19에서 재인용.

국민 국가들 안에서 연대감을 형성했듯이, 교육자가 지구 시민 감각을 형성하는 데 도움을 줄 것이다.[65]

크리스천은 자신의 주장을 뒷받침하기 위해 세계사의 선구자인 윌리엄 맥닐이 1986년에 미국역사학회에서 회장 자격으로 행했던 연설을 자신의 영감의 출처로 인용하였습니다. 윌리엄 맥닐은 다음과 같이 말했습니다.

이해 가능한 세계사라면 편협한 역사 서술이 필연적으로 갈등을 고조시키는 것과는 달리, 개인을 인류 전체의 승리와 고난과 동일시하는 감각을 길러줌으로써 집단 간 만남(group encounters)의 치명적 위험성을 감소시키리라는 기대를 할 수 있다. 나는 이것이야말로 우리 시대의 역사학계의 도덕적 의무라고 생각한다. 우리는 모든 복잡성 속에서 인간의 다양성을 수용할 여지가 충분한 에큐메니컬 역사를 발전시킬 필요가 있다.[66]

또한 신시아 스톡스 브라운이 쓴 인간의 역사는 "인류가 역사에서 보여준 혁신의 능력을 믿고" "지속가능한 기술이 등장할 것이라는" 희망으로 마무리됩니다.[67] 그리고 J.L. 브룩은 인간의 진화와 인류의 역사에서 기후의 역할을 고찰한 탁월한 연구의 마지막 부

65 David Christian, "The Return of Universal History," *History and Theory* 49, December 2010, pp. 7~8.

66 위의 논문 p.26에서 재인용.

67 Cynthia Stokes Brown, *Big History: From the Big Bang to the Present*, New York: New Press, 2012[2007], p.xvii.

분에서, "근대 경제의 출현으로 인류는 급격한 기후변화, 더 넓게는 급격한 행성 변화의 행위자가 되었음"을 인정하였습니다. 그는 다음과 같이 썼습니다.

> 지질학적 시간이든 인류 진화의 시간이든 인류의 인구는 순식간에 두 배, 세 배로 증가하여 70억을 넘어섰다. 이것은 1,000년 전에 지구에 거주하던 숫자의 24배이고, 2세기 전 숫자의 6배이다. 지난 60년 동안 인류의 인구는 2배 이상 증가했고 … 온실가스 배출량은 3배로 늘어났다. 우리는 수백만 년 동안 우리를 지탱해 주었던 자연시스템과 서비스를 파괴하기 시작했다.

그러나 그의 희망은 "우리의 집단적 역량", "지혜", 그리고 "미래세대의 지속가능성을 확보하기에 충분한" 정치적 의지를 발전시킬 수 있는 우리의 능력에 있었습니다. 그의 마지막 말은 다음과 같습니다.

> 우리는 지금 우리에게 닥친 지구 시스템의 위기에 대처할 수 있는 집단적 역량을 보유하고 있다. 그 역량은 정보에 입각한 정치적 의지에 의해 동원되어야 한다.[68]

인류는 세계에다 자신을 투영할 수 있는 주체로서, 행성의 지배적 종으로서, 또는 지리물리학적 힘으로서, 자신이 한 행위에 대

---

68 John L. Brooke, *Climate Change and the Course of Global History*, New York: Cambridge University Press, 2014, p.558, pp.578~79.

해 주권을 행사할 능력이 있다는 생각은 기후 위기에 관한 다양한 분야의 문헌들에도 등장합니다. 지구온난화의 인위적 성격을 인정하면서도, 그것에 대한 궁극적 해결책을 인간의 특별함에서, 즉 단지 '인류'에서만이 아니라 이성적이라는 '종'의 능력에서도 찾는 사람들이 있습니다. 기후변화 저널리스트인 마크 라이너스는[69] 『신의 종god species』이라는 책에서, 기후변화 문제를 해결하거나 관리하기 위한 방법으로 지구공학을 채택하여 말 그대로 인간이 '신의 종'이 될 것을 권장합니다. 그는 다음과 같이 묻고 답합니다.

> 인류는 행성을, 그리고 자기 자신을 관리해서 지속가능성으로의 이행을 달성할 수 있을까?
>
> 낙관주의의 근거는 적어도 비관주의의 근거만큼이나 강하고, 오직 낙관주의만이 성공에 필요한 동기와 열정을 줄 수 있다. … 진실은 지구환경 문제가 해결 가능하다는 것이다. 앞으로 나아가서 그것을 해결하자.[70]

---

69 [역자주] 마크 라이너스(Mark Lynas)는 세계적인 환경저널리스트이자 사회운동가이다. 《뉴욕타임즈》, 《워싱턴포스트》, 《타임즈》, 《가디언》에 글을 기고하였고 다수의 책을 출간하였다. 2008년에 론 플랑 과학상(Rhone Poulenc Science Books Prize)을 받았다. 국내에 번역된 책으로는 『최종 경고: 6도의 멸종 – 기후변화의 종료, 기후붕괴의 시작』, 『과학의 씨앗: 나는 어떻게 GMO에 대한 생각을 바꾸게 되었나』, 『지구의 미래로 떠난 여행: 투발루에서 알래스카까지 지구온난화의 최전선을 가다』가 있다.

70 Mark Lynas, *The God Species: How the Planet Can Survive the Age of Humans*, London: Fourth Estate, 2011, pp.243~44.

메릴랜드대학의 지리학자 얼 엘리스는 2013년 9월 13일자 『뉴욕타임즈』에서 다음과 같이 썼습니다.

> 인간이 행성의 자연환경적 한계 내에서 살아야 한다는 생각은 우리 역사 전체의 현실을, 그리고 아마도 미래를 부정하는 것이다. … 미래세대가 자랑스러워할 행성을 만드는 데 있어 유일한 한계는 우리의 상상력과 사회시스템이다. 더 나은 인류세를 향해서 나아가는 과정에서 우리가 만드는 것이 우리의 환경이 될 것이다.[71]

실제로 그는 이것을 '인류세학the science of the anthropocene'이라고 부릅니다. 이러한 생각의 메아리는 토비 타이렐의 가이아에 관한 책에서도 찾을 수 있습니다. 하지만 그 메아리는 일종의 두 번 울려서 자기 자신을 방해하는 메아리입니다. 타이렐은 다음과 같이 생각합니다.

> 우리 자신의 활동들이 이미 자연 세계에 커다란 영향을 미치고 있고, 속도가 줄어들 기미가 보이지 않기 때문에" 인류가 "어느 정도의 적극적인 … 관리에 착수하는 것" 이외에는 선택지가 없을 것이다.

---

71 Erle C. Ellis, "Overpopulation Is Not the Prob lem," *New York Times*, September 13, 2013. 반면에 Clive Hamilton, *Earthmasters: The Dawn of the Age of Climate Engineering*, New Haven, CT: Yale University Press, 2013에서는 지구공학이 실제로 인류의 번영을 위험에 빠트릴 수 있다고 강력하게 주장한다. Mike Hulme, *Can Science Fix Climate Change?*, London: Polity, 2014도 보기 바란다.

그는 한 걸음 더 나아가서 안심시키는 말을 덧붙입니다.

> 행성을 안전하게 관리하는 것은 어떤 면에서는 비행기를 안전하게 관리하는 것과 비슷하다.

그러면서 가장 중요한 차이를 지적합니다.

> 우리가 비행기를 디자인하고 제조했지만, 행성은 "우리가 완전히 이해하는 시스템은 아니다."[72]

그가 러브록에게 했던 비판을 그의 논의에 적용해 보면, 지구에 역사가 있다는 사실이 그것이 디자인되었음을 의미하지는 않습니다(비행기는 디자인되었지만!). 그가 덧붙여서 말했듯이 우리는 종종 사후에 재난을 발견합니다. 오존 구멍의 위기는 "우발적이고 의도하지 않았고" "그것이 그다지 악화되지 않은 것은 오로지 운명의 사소한 변덕 덕분입니다."[73] 행성을 관리하는 것은 비행기를 관리하는 것과 전혀 비슷하지 않을 수 있습니다! 디자인을 완전히 이해하지 못하는 비행기를 누가 타고 싶어 하겠습니까?

우리의 도식에서 호모가 앤트로포스를, 즉 인류가 인간 종을 대신할 수 있다고 생각하는 것은 확실히 잘못되었는데, 많은 사람들은 이것이 가능하다고 보고 있습니다. 기후 위기와 인간의 생태

---

72 Toby Tyrrell, *On Gaia*, pp.210~11.

73 같은 책, p.213.

적 책임에 관한 아마르티아 센의 최근의 발언을 상기해 봅시다. 센은 기후변화 논쟁에서 규범적 틀이 필요하다고 주장합니다. 즉 아프리카, 아시아 그리고 라틴 아메리카의 대중들이 인류 문명의 결실을 누리고, 진정한 민주적 선택을 하는 데 필요한 능력을 갖추고자 한다면, 갈수록 에너지 소비의 필요성이 증가하고 있음을 인식해야 한다는 것입니다. 저도 이 생각에 동의합니다. 센은 또한 인간의 번영이 다른 종들을 희생시킬 수 있다는 점을 인식하고, 그래서 비인간 존재에 대한 인간의 책임을 주장합니다. 그의 주장은 다음과 같습니다.

> 멸종 위기에 처한 종들에 대한 우리의 책임을 생각해 보라. 우리가 이 종들의 보존을 중시하는 것은 단순히 그들이 종종 우리의 생활 수준을 향상시킬 수 있기 때문만은 아니다. … 바로 여기에서 『숫타니파타』에 나오는 고다마 붓다의 주장이 직접적이고 즉각적으로 관계된다. 그는 어머니가 아이에 대한 책임이 있는 것은 단지 그녀가 아이를 낳았기 때문만이 아니라, 아이 혼자서 할 수 없는 많은 일들을 아이를 위해 해줄 수 있기 때문이라고 주장했다. … 환경적 맥락에서 우리는 다른 종들보다 엄청나게 강력하기 때문에, … [이것이] 다른 생명체들에 대해 우리가 신뢰적 책임을 져야 하는 [근거일 수 있다고] 주장할 수 있다.[74]

"인간이 강력한 영향을 미치는 생명체들"을 우리가 보호한다

---

74 Amartya Sen, "Energy, Environment, and Freedom: Why We Must Think about More Than Climate Change," *New Republic*, August 25, 2014, p.39.

고 하는, 순전히 자기중심적인 관점에서 생기는 문제들을 생각해 보십시오. 우리는 우리의 행동에 크게 영향받는 모든 종들을 결코 알지 못하고 종종 뒤늦게야 발견하게 됩니다. 캐나다의 생태학자 피터 세일은 "[인간에게] 재화로 제공될 수 있지만 아직 발견되지 않거나 착취되지 않은 모든 종들과 단지 우리가 모르고 있을 뿐인 서비스를 제공하는 종들"에 대해 쓰고 있습니다.[75] 게다가 인간의 번영은, 우리가 이미 멸종시켰거나 멸종 위기에 처한 동물들은 말할 것도 없고, 수많은 박테리아 및 바이러스와 직접적인 전쟁을 벌이게 만듭니다. 우리에게 적대적인 바이러스나 박테리아의 존재를, 그것들이 우리 삶에 부정적인 영향을 미친다는 점은 제외하고, 소중히 여기는 입장에 설 수 있을까요? 모든 종이 그렇듯이 우리의 역사도 무작위적이고 맹목적인 자연 선택 과정에서 일어나는데, 어떻게 우리가 하는 일이 일개 종으로서 인간이 하는 일을 예측하거나 대체할 수 있을까요?

4. 깊은 역사에 빠지기

우리는 이제 야스퍼스가 '시대 의식' 개념을 구상했을 때 직면했던 핵겨울의 위협과 지금 우리가 처한 상황을 구별하는 문제에

75 Peter F. Sale, *Our Dying Planet: An Ecologist's View of the Crisis We Face*, Berkeley: University of California Press, 2011, p.223.

들어갈 수 있습니다. 우리 시대는 새롭고 특이한 현상으로 형성되고 있는데, 그것은 바로 인류가 지금까지 기록된 혹은 기억된 역사에서 직면한 적이 없는 행성의 기후변화입니다. 확실히 야스퍼스 시대의 사람들도 지역적 기후변화나 환경 문제에 직면하고 있었지만, 우리 시대에는 근본적으로 다른 점이 있습니다. 인류 역사의 시간은, 즉 우리가 개인과 제도의 이야기를 하는 속도는, 두 개의 서로 다른 역사의 시간 규모와 충돌했습니다. 그것은 두 개의 깊은 시간, 즉 행성의 생명의 진화의 시간과 지질학적 시간의 충돌입니다. 후자는 인간의 이야기를 하는 데 있어서, 특히 인간의 동기와 열망, 사회생활을 구성하는 심리사회적 드라마나 제도를 말하는 데 있어서, 당연하다고 여겨졌던 역사들입니다. 이러한 서사들은 모두 지질학적인 그리고 진화적인 발전은 우리를 위해 펼쳐지는 인간 드라마의 배경에 지나지 않는다는 가정 위에서 쓰였습니다. 이러한 지구 규모의 현상들, 가령 지진은 확실히 우리의 서사에 때때로 등장했지만 대부분 우리 행동의 배경을 제공하는 데 지나지 않았습니다. 그러나 우리는 이제 이러한 배경이 더이상 단순한 배경이 아니라는 사실을 깨닫게 되었습니다. 우리도 그것의 일부가 되어, 한편으로는 여섯 번째 대멸종 사건이 될 수 있는 생물다양성의 감소에 영향을 끼치고 있고, 다른 한편으로는 지구 물리학적 힘으로서 다가올 수천 년 동안의 행성의 기후와 지질을 변화시키고 있습니다. 우리는 홀로세를 마감하고 '인류세'라는 이름의 새로운 지질학적 시대를 맞이하고 있는 것 같습니다. 왜냐하면 인

류세는 인간 종이 지구의 물리적 본성을 개조한 범위와 기간을 의미하기 때문입니다.[76]

지구사의 측면에서 인간과 지질학적 연대기의 일시적 붕괴는 과학자들에 의해 주목받지 못했습니다. '인류세'라는 시대 명칭을 입증하고 공식화하기 위해 노력해 온 얀 잘라시에비치와 그의 공동연구자들은 최근에 발표한 논문에서, 전 세계적이고 공시적인synchronic 일련의 지층학적 신호들을 인용하면서 다음과 같은 자신 있는 제안을 하였습니다.

> 인류세는 … 역사적으로 1945년 7월 16일 뉴멕시코 앨라모고도Alamogordo[77]에서 트리니티 A 폭탄이 터진[78] 시점에 시작되었다고 정의할 수 있다.[79]

---

76 Naomi Oreskes, "Scaling Up Our Vision," p.388. 멸종의 문제와, 그것이 왜 인류의 존속에 문제를 제기하는가에 대해서는 다음의 두 논의를 참고하기 바란다. Peter Sale, *Our Dying Planet*, p.102, pp.148~49, pp.203~21, p.233.; Elizabeth Kolbert, *The Sixth Extinction: An Unnatural History*, New York: Henry Holt, 2014.

77 [역자주] '앨라모고도'는 미국의 뉴멕시코주의 남쪽에 있는 도시로, 1,300미터의 고지에 위치하고 있어서 기후와 경치가 좋다. 인구는 4만명 정도이고, 농산품과 목축 생산품의 유통이 발달하였다. 이 도시의 공군기지에서 인류 최초의 원자폭탄이 폭발했다.

78 [역자주] 과학자 오펜하이머가 주도한 인류 최초의 핵실험을 말한다. '트리니티'는 이 핵실험에 사용된 원자폭탄의 코드 네임으로, 앨라마고도 공군기지에 설치된 30미터 높이의 철탑 위에서 폭발하였다. 일본 나가사키에 투하된 원자폭탄도 트리니티와 같은 종류이고 위력도 같다.

79 Jan Zalasiewicz et al., "When Did the Anthropocence Begin?", p.5, (http://dx.doi.org/10.1016/j.quaint.2014.11.045.) 이 논문이 출판되기 전에

산업혁명의 시작과 함께 인류는 … 뚜렷한 지질학적 요인이 되었지만, … 가속화된 산업혁명의 전 세계적 영향이 지구적으로 그리고 동시적으로 나타나기 시작한 것은 20세기 중반부터이다.[80]

따라서 이 날은 두 가지 사건이 결합되어 있습니다. 즉 인류사의 중요한 사건인 폭발 실험과 "화학층서학적인 [지구적]신호"의 기원이 합쳐져 있습니다.[81] 만약에 인류세가 국제지질학회에 의해 정식으로 인정된다면, 그것은 화석연료 기반 문명이 사라진 후에도 '우리'가 지구에 있었다는 흔적이 지구의 암석에 남게 됨을 의미합니다.[82]

그런데 그 '우리'는 누구일까요? 우리는 분할된 인간 중심적 인

내가 볼 수 있게 해준 얀 잘라시에비치 박사에게 감사드린다.

80 Jan Zalasiewicz et al., "When Did the Anthropocence Begin?", p.6.

81 위와 같음.

82 여기서 우리는 아직 공식화되지 않은 인류세라는 용어가 사회과학자들뿐만 아니라 지질학자들 자신도 논쟁을 하고 있는, 매우 논쟁적인 성격을 띠고 있음을 인정해야 한다. 이에 대해서는 다음을 보라: S. C. Finney, "The 'Anthropocene' as a Ratified Unit in the ICS International Chronostratigraphic Chart: Fundamental Issues That Must Be Addressed by the Task Group", *Geological Society London Special Publications* 395~1; P. L. Gibbard and M. J. C. Walker, "The Term 'Anthropocene' in the Context of Geological Classification," *A Stratigraphical Basis for the Anthropocene* edited by C. N. Waters et al., *Geological Society, London, Special Publications* 395, 2014, pp.23~28, pp.29~37.; Zalasiewicz 등과 Whitney J. Autin과 John M. Holbrook 사이의 논쟁은 "Is the Anthropocene an Issue of Stratigraphy or Pop Culture?" *GSA Today*, October 2012.

류인 동시에 지배종이고, 따라서 이 행성의 생명의 역사의 일부입니다. 우리는 또한 피터 해프가 말한 '기술권'의 지각적·도덕적 측면이자 지질학적 행위자geological agent이기도 합니다. 이와 같이 종의 역사나 지질학적 시대와 같은 복수의 연대기들이 우리의 생애에서, 즉 살아있는 기억 속에서 붕괴되면서 인간의 조건은 변했습니다. 그러나 이렇게 조건이 변화되었다고 해서, 분할된 인류로서의 인간, 하나의 종으로서의 인간, 그리고 지질학적 행위자로서의 인간의 서로 연관되면서도 상이한 이야기들이 모두 하나의 거대한 이야기로 융합되어, 행성의 역사와 거기에 사는 생명의 역사가 합쳐진 단일한 이야기가 인문학적 역사를 대신할 수 있게 된 것은 아닙니다. 인간인 우리는, (우리 인간의 욕망과 행위의 효과를 통해서)인지적으로 알거나 추론하는 것과는 별개로, 오늘날 우리에게도 열려 있는 이와 같은 다른 존재 양식들을 경험할 방법이 없습니다.

인간, 하나의 종으로서의 인간, 그리고 인류세의 창조자로서의 인간은 서로 다른 세 가지 범주입니다. 우리는 그들의 아카이브를 다르게 구성하고, 그들을 역사적 행위자로 구축하기 위해서 상이한 종류의 훈련, 연구 기술, 도구, 그리고 분석 전략을 사용합니다. 그들은 매우 다른 종류의 행위자들agents입니다.[83] 인간이 자

---

83 Dipesh Chakrabarty, "Postcolonial Studies and the Challenge of Climate Change," *New Literary History* 43, 2012, pp.25~42.

신의 진화된 특성을 부정하면서 살 수 없다는 사실은 명백합니다. 예를 들면 모든 인공물의 디자인은 항상 인간의 양안 시력과 (다른 손가락과) 마주볼 수 있는opposable 엄지손가락을 가지고 있다는 가정에서 출발할 것입니다. 그러나 크고 복잡한 뇌를 가지고 있다는 사실이 의미하는 바는, 크고 깊은 역사big and deep history의 지지자들이 제기하는 주장과는 반대로, 우리의 크고 깊은 역사가 우리의 작고 얕은 과거들과 공존할 수 있는 가능성입니다. 우리 내적 시간 감각이 항상 진화론적 또는 지질학적 연대기와 일치하는 것은 아니라는 사실을 의미할 수 있습니다.[84]

---

84 여기에서 나는 다니엘 로드 스메일(Daniel Lord Smail)이 매우 시사적인 저서 *On Deep History and the Brain*, Berkeley: University of California Press, 2008에서 제시한 몇 가지 명제에 대해서, 작지만 중요한 개념상의 이견(異見)을 경의와 찬탄을 담아서 표명하고자 한다. 그 책은 다음과 같은 문장으로 시작된다: "린네가 조언했을지 모르듯이, 인류(humanity)가 역사의 적절한 주체라면 구석기시대, 즉 농업으로 전환하기 이전의 기나긴 석기시대가 우리(our) 역사의 일부인 것은 당연하다."(p.2) 나는 이 말에 동의하면서도 동의하지 않는다: 그것은 '인류'와 '우리'라는 말을 어떻게 이해하느냐에 달려 있다. 이 단어들은 다양한 의미로 해석될 수 있다. 스메일은 "자율신경계를 형성하는 데 책임이 있는" (상당히 오래된) 유전자에 대해서도 비슷한 말을 한다: "이 장비는 상이한 문화권에서 상이한 방식으로 구축되고 조작되고 조정되었지만, 모든 인간이 공유하고 있기 때문에 이 역사도 세계사이다."(p.201) 그러나 자율신경계의 신체적 특징은 인간이 다른 많은 동물들과 공유하는 것이다. 그래서 그것은 인간만의 세계사일 수는 없다. 나는 이 차이를 곧 발표할 논문 「세계사에서 거대사로: 몇 가지 우호적인 수정(From World-History to Big History: Some Friendly Amendments)」(가제)에서 상술할 예정이다.
[역자주] 다니엘 로드 스메일은 하버드대학 역사학과 교수로, 중세 시대 지중해 사회의 인류학과 지구의 깊은 역사를 연구하고 있다. 린네(Linnaeus,

그러나 비교적 최근에 이러한 서로 다른 규모의 연대기가 붕괴되고, 이제 그것이 우리 눈앞에 나타남으로써 어떤 영향을 만들었는데, 저는 그것을 '빠짐falling'에 비유합니다: 우리는 '깊은deep' 역사, 깊은 지질학적 시간에 빠졌습니다fall into. 이 '깊은' 역사로 빠지는 것은 모종의 인식 충격을 동반합니다. 그것은 행성의 타자성, 그리고 우리가 의도치 않게 그 일부가 된 대규모의 공간적, 시간적 과정들에 대한 인식입니다.[85] 그러면 깊은 역사에 빠진다는 것은 무슨 의미일까요? 그것은 과거에 발터 벤야민[86]이 한 유명한 말처럼, 위급한 순간에 불현듯 떠오르는 과거와 비슷합니다. 당뇨병이 유행병처럼 퍼져 있는 인도 아대륙 출신인 저는 이 경험을, 인도인이 당뇨병 진단을 받았을 때 그/그녀의 과거에 대한 감각이 갑자기 급격히 확장되는 것에 비유하기도 합니다. 당신은 자신의 과거에 대한 (잠정적인)역사가의 관점을 가지고 의사를 찾아갑니다. 즉 특정한 사회적, 역사적 맥락에 배치할 수 있는 전기(傳記)를 가지고 의사를 찾습니다. 그러나 의사의 진단은 완전히 새롭고 비인

1707~1778)는 스웨덴의 식물학자로, 생물을 '종속과목강문계'로 분류한 '생물분류학의 아버지'로 알려져 있다.

85 Dipesh Chakrabarty, "Climate and Capital: On Conjoined Histories," *Critical Inquiry*, Fall 2014, pp.1~23.

86 [역자주] 발터 벤야민(Walter Benjamin, 1892~1940)은 독일의 철학자이자 비평가이다. 국내에 소개된 저서로는 『기술복제 시대의 예술작품』, 『일방통행로/사유이미지』, 『역사의 개념에 대하여/ 폭력비판을 위하여/ 초현실주의 외』 등이 있다.

격적이며 장기적인 과거를 열어줍니다. 그것은 정치이론가 맥퍼슨이 멋지게 썼던 '소유적 개인주의'[87]라는 의미에서는 그 누구의 것도 될 수 없습니다. 아대륙 사람들은 (적어도 몇천 년 동안) 쌀을 먹어왔기 때문에 당뇨병에 대한 유전적 성향이 있다는 말을 많이 들을 것입니다. 만약에 그들이 학문적이고 브라만이나 상위 카스트 가문 출신이라면, 적어도 수백 년 동안은 좌식 생활을 해왔을 것입니다. 그리고 인간의 근육이 당을 유지하고 방출하는 능력은, 인간이 자신의 역사의 압도적인 시간을 사냥과 채집으로 보냈다는 사실과 관련 있다는 설명도 들을 것입니다 – 갑자기 진화가 일어났습니다![88] 당신은 이러한 기나긴 역사에 대한 경험적 접근은 없지만, 갑자기 그것들에 대한 인식에 빠지게fall 됩니다.

이렇게 깊고 거대한 역사에 빠지는 것은 시대 의식에 들어 있

87 [역자주] 토론토대학의 정치학자 맥퍼슨(Macpherson, 1911~1987)의 저서 제목이다. 원저는 C. B. Macpherson, *The Political Theory of Possessive Individualism: Hobbes to Locke* (Oxford: Oxford Univ. Press, 1962)이고, 우리말 번역으로는 다음의 두 종류가 있다. C.B. 맥퍼슨 지음, 황경식·강유원 공역, 『홉스와 로크의 사회철학: 소유적 개인주의의 정치이론』 (박영사, 1990); C.B. 맥퍼슨 지음, 이유동 옮김, 『소유적 개인주의의 정치이론: 홉스에서 로크까지』 (인간사랑, 1991).

88 고고학자인 캐슬린 모리슨은 "관개작물(灌漑作物), 그중에서도 특히 쌀을 기반으로 한 상류 계급의 여러 요리들의 체계화"는 "남인도에서 서기 1천 년대"부터 문서화되었다고 말한다. 그녀의 다음 논문을 보라: Kathleen D. Morrison, "The Human Face of the Land: Why the Past Matters for India's Environmental Future," NMML Occasional Paper, *History and Society, New Series* no.27, New Delhi: Nehru Memorial Museum and Library, 2013, p.16.

는 인간 중심적 세계관과 생명 중심적 세계관 사이의 긴장과 관련 있습니다. 우리는 긴장 속에서 살 수는 있지만 그것을 해소할 수는 없습니다. 왜냐하면 안트로포스anthropos는 호모homo가 아니기 때문입니다. 저는 야스퍼스의 시대 의식 범주를 약간 수정하여, 「교토의정서」의 "공통적이지만 차별화된 책임"의 '공통'을 구성하려고 할 때 유용하게 받아들였습니다. 또한 이러한 의식이 정치적 논쟁과 차이의 공간을 축소하지 않으면서도, 정치 이전의 그리고 정치 너머에 있는 사유 공간을 나타낸다는 야스퍼스의 생각을 활용하는 것이 유익하다는 사실을 알았습니다. 하지만 야스퍼스는 이 의식을 그가 인간의 본질이라고 생각한 '이성'에 근거지웠습니다. 반면에 저는 우리가 진화론적인 그리고 지질학적인 역사의 시대에 빠졌다는 점을 고려하면, 이성은 인간의 위치를 둘러싼 인간 중심적 관점과 생명 중심적 관점 사이의 긴장을 만족스럽게 해결할 수 없다고 주장했습니다.

그렇다면 이 긴장을 어떻게 생각해야 할까요? 야스퍼스의 글에 나타난 어떤 미끄러짐이 앞으로 나아갈 길을 제시합니다. 그는 이렇게 썼습니다.

> 이성은 명료한 사유 행위의 종합 이상이다. 이 행위는 생명을 유지하는(life-carrying) 기본적인 기분(mood)에서 솟아나고, 바로 이러한 기분이 우리가 이성이라고 부르는 것이다.[89]

---

89 Karl Jaspers, *The Atom Bomb and the Future of Man*, p.218.

야스퍼스의 독일어 원서에서 '기본적인 기분basic mood'에 해당하는 말은 '그룬트스티뭉Grundstimmung'으로, 조율attunement 문제를 나타내는 매우 하이데거적인 개념입니다.[90] 하이데거에 의하면, 기분mood은 심리학적 범주가 아니라 존재론적 범주로, 인지cognition보다 훨씬 원초적인 방식으로 세계를 드러냅니다. 그는 이렇게 말합니다.

> 인지가 드러내는 것은 기분이 원초적으로 드러내는 것에 비하면 그 가능성의 범위가 훨씬 좁다. 원초적 기분에서는 현존재가 '거기'에서(as there) 그 존재 앞에 놓이게 된다.[91]

---

90 Karl Jaspers, *Die Atombombe und die Zukunft des Menschen*, Munich: R. Piper & Co Verlag, 1958, p.300.

91 Martin Heidegger, *Being and Time*, translated by John Macquarrie and Edward Robinson, Oxford: Basil Blackwell, 1985[1962], p.173. [역자주] 원문은 다음과 같다: "the possibilities of disclosure which belong to cognition reach far too short a way compared with the primordial disclosure belonging to moods, in which Dasein is brought before its Being as 'there.'" 참고로 국내에 번역된 이 문장의 번역문을 몇 가지 소개하면 다음과 같다:
① "인식이 개시(disclosure)할 수 있는 가능성들이 미치는 범위는 기분의 근원적인 개시와 비교하면 너무나 협소하기 때문이며, 바로 기분 속에서 현존재는 '현(there)'으로서 스스로의 존재에 당면하게 되는 것이다." 마르틴 하이데거, 『존재와 시간』, 전양범 옮김, 시간과 공간사, 1989, 191쪽.
② "인식의 개시 가능성이, 현존재로 하여금 '현(there)'으로서의 자기의 존재에 직면케 하는 기분의 근원적 개시에 비하면, 그 범위가 너무 좁기 때문이다." 마르틴 하이데거, 『존재와 시간』, 소광희 옮김, 경문사, 1998, 197쪽.
③ "인식의 열어밝힘의 가능성은 그 미치는 범위가 그 안에서 현존재가 '거기에(there)'로서의 그의 존재로 데려와지는 그런 기분의 근원적인 열어밝힘에 비할 때 너무나 짧기 때문이다." 마르틴 하이데거, 『존재와 시간』, 이기상

> 실존적-존재론적 관점에서 보면, 마음 상태에서 '명백한' 것을 순수하게 눈앞에 있는 것(present-at-hand)에 대한 이론적 인지의 명백한 확실성으로 측정해서 최소화하는 행위는 조금도 정당화될 수 없다.[92]

그래서 하이데거는 우리의 논의와 관련된 '기분'의 두 측면을 지적합니다. 기분은 인지보다도 훨씬 원초적으로, 또는 훨씬 심오한 현상학적 의미로 세계를 드러냅니다. 인지는 추상적 범주에 의해 매개된, 눈앞에 있는 일반적 개념입니다. 그것은 또한 장소가 없습니다placeless. 기후과학자들이 정의하는 기후변화는 그야말로 이 세계에 대한 눈앞에 있는 기술입니다. 그것은 존재하는 데 장소가 없고, 말 그대로 행성적입니다. 반면에 기분은 장소에 관한 것입니다. 그것은 현존재를 '거기'에서as there 그 존재 앞에 가져옵

옮김, 까치, 2020, 187쪽.

92 같은 책, p.175. [역자주] 원문은 다음과 같다: "From the existential-ontological point of view, there is not the slightest justification for minimizing what is 'evident' in states-of-mind, by measuring it against the apodictic certainty of a theoretical cognition of something which is purely present-at-hand." 이 문장의 한글 번역은 다음과 같다:
① "실존재적 존재론적으로는 순전한 사물적 존재자에(present-at-hand) 대한 이론적 인식이 반박할 수 없는 확실성에 의해 측정함으로써, 정상성의 '명증성(明證性)'을 하락시킬 권리는 추호도 없다." 전양범 번역, 193쪽.
② "순수한 전재자(present-at-hand)에 대한 이론적 인식이 지닌 필증적 확실성으로 측정해서 심정성의 '명증성'을 깎아 내린다는 것은, 실존론적-존재론적으로는 전혀 정당화되지 않는다." 소광희 번역, 199쪽.
③ "실존론적-존재론적으로 볼 때 처해 있음의 '자명성'을, 순전한 눈앞의 것을(present-at-hand) 이론적으로 인식하는 명증적인 확실성의 척도로 잼으로써 깎아내릴 권리는 조금도 없다." 이기상 번역, 189쪽.

니다. 존 맥쿼리와 에드워드 로빈슨의 『존재와 시간』 영역본에서 '마음 상태state-of-mind'로 번역된 독일어 원어는 'Befindlichkeit (자신이 발견될 수 있는 상태)'입니다. 그런데 이 말은 번역자들이 지적한 것처럼, 영어의 '마음mind'과는 어원적으로 아무런 관련이 없고, "자신을 발견한다는 중요한 함축을 전달하지 못합니다."[93] 여기에서 생기는 물음은 다음과 같습니다.

> 행성의 기후변화에 관해서 과학자들은 여러 명제들을 제시했는데, 그 눈앞에 있는 명제들에 대한 인간의 반응에 깔려있는 기본적인 기분, 즉 두려움, 부정, 회의주의, 실용주의에서 (심지어는 과도한 종류의)낙관주의에 이르는 기분을 고려하면 이 세계의 본질은 무엇인가? 지구(Earth)라는 추상적 개념이 아니라, 시대 의식이 자신을 발견하는 드러난 장소로서의 살아있는 이 세계의 본질은 무엇인가?

여기에서 저는 우리가 깊고 거대한 역사에 빠지는 것은 하이데거가 말하는 '내던져짐thrownness'과 관련이 있다고 제안하고 싶습니다. 그것은 우주비행사가 우주에 떠다니는 구체(球體)를 우주 공간에서 바라보면서 생각하는 것처럼, 이 세계-지구가 **우리**의 거주지로서 단순히 거기에there 있는 것은 아니라는 인식에서 오는 충격입니다. 이 내던져짐은 행성 자체의 타자성을 인식하는 것입니다. 그것은 우리가 우리 자신을 발견하는 이 장소와 언제나 실용적인 그리고/또는 심미적인 관계에 있는 것만은 아니라는 사실에 대한

93 같은 책, p.172 n2.

각성입니다. 우리가 '문명'의 역사에서 일상 업무를 수행하면서 대부분 당연하다고 여겼던 매우 장기적이고 역동적인 과거들이 이제는 상충하는 애착, 욕망 그리고 열망의 작은 역사들과 맞닥뜨리게 되었습니다. 그것은 갑자기 우리로 하여금 특정한 범위의 분위기뿐만 아니라 서사에서 탈중심화되고 있다는 감각도 갖게 하였습니다. '인위적 기후변화'라는 표현은, 우리가 '지구온난화global warming'라고 부르는 것이 그것보다 훨씬 일반적인 범주인 '행성온난화planetary warming'의 특별한 경우에 불과하다는 사실을 깨닫기 전까지는, 마치 인간과 깊은 관련이 있는 것처럼 들립니다. 행성온난화는 인간과 전혀 관계가 없습니다. 왜냐하면 그것은 가장 일반적인 이론에서 보면, 생명이 없는 행성에서도 그렇듯이, 인간이 있기 전부터 이 행성에서 일어났기 때문입니다. 이 행성에 생명이 있고 그것을 지탱하는 과정들이 있다는 사실은, 다시 말하면 생명zoe의 이야기는, 우리가 어떤 전략을 세워도 행성은 기후변동climatictc shifts을 늦추거나 재촉하는 과정들의 공동행위자coactor라는 인식을 우리에게 강요할 뿐입니다.

시대 의식의 이러한 현상학적 측면들을 고려하면, 기후변화에 대한 우리의 정서적 반응은 – 부정에서 영웅주의의 분위기까지 – 모두 이해할 수 있으며, 지구온난화 정치에 계속해서 영향을 미칠 것은 분명합니다. 지구온난화에 대응할 수 있는 지구적으로 조직화된 인간의 행동을 유도하려면, 대부분 인간과 무관한 다양한 규모로 펼쳐지는 일련의 사건들을 인간이 경험할 수 있도록 하는 어려운 작업이 필연적으로 수반됩니다. 사람들이 행동하도록 설득하는 이 행위는 우리를 기후변화 정치에 맞서게 합니다. 정치는 인간 사이의 분할을 다루는 것을 의미합니다. 우리 인간은 정치적으로 하나가 아니기 때문에 인간 내부의intrahuman 불의/정의(in)justice와 복지의 역사는 기후변화에 대처하는 우리의 노력과 무관하지 않고 필요할 것입니다. 그러나 동시에 기후변화의 위기는 인간과 무관한 생명의 연대기와 지질학의 연대기에 우리를 내던짐으로써, 우리를 분할하는 인간 중심주의로부터 멀어지게 합니다. 앞에서 말했듯이, 시대 의식은 정치적으로 생각하는 것과는 무관합니다. 그것은 정치 공간이 그 움직임으로 인해 배제되지 않도록 주의하면서 정치에 대해 생각하는 것입니다. 이 위기를 헤쳐나가는 과정에서 우리의 정치사는 계속해서 우리를 분할할 것입니다. 그러나 우리는 이러한 분할의 정치사를 단지 자본주의 역사의 맥락에서가 아니라, 지질학적이고 진화적인 역사라고 하는 훨씬 광대한 캔버스 위에서 생각해야 할지 모릅니다.

우리는 러브록을 따라서 다음과 같이 질문할 수 있습니다: 인간은 비록 모든 갈등과 차이에도 불구하고, "설령 그들의 반응 시간이 느리더라도 지구가 필요로 하는 것"을 인식할 수 있을까?[94] 이것은 미래를 위한 중요한 질문으로 남아 있습니다. 우리가 이 질문에 어떻게 답하느냐에 따라 "공통적이지만 차별화된 책임"에서 '공통'에 대한 우리의 이해도 형성될 것입니다.

---

94 James Lovelock, *The Ages of Gaia*, p.171. [역자주] 『가이아의 시대』, 266쪽.

맺으며

인류세 인문학의 선구자
'디페시 차크라바르티의 학문 여정'[1]

허남진 · 조성환

1. '탈식민주의'에서 '지구인문학'으로

차크라바르티는 1948년 인도 뱅골 지방의 식민 도시였던 캘커타에서 태어났다. 캘커타대학에서 물리학 전공으로 학부를 졸업하고, '인도경영연구소Indian Institute of Management'에서 경영학 석사학위를 받았다. 이후 호주국립대학에서 역사학으로 박사학위를 받았고, 현재는 시카고대학 사학과 교수로 재직하고 있다.

차크라바르티는 호미바바Jacqueline Bhabha, 스피박Gayatri Chakravorty Spivak 등과 함께 서발턴Subaltern 연구를 주도한 인물로 알려

---

1 이 글은 허남진·조성환, 「디페시 차크라바르티의 지구인문학: 지구(Earth)에서 행성(Planet)으로」, 『문학 사학 철학』 67, 2021, 282~295쪽을 수정한 것이다.

져 있다. 그가 국제적 명성을 얻게 된 것은 *Provincializing Europe: Postcolonial Thought and Historical Difference*이다. 이 책은 2000년에 초판이 나왔고, 2014년에는 『유럽을 지방화하기』라는 제목으로 한국어로 번역되었다.[2] 이 책의 기본적인 문제의식과 핵심 테제는 그가 1992년에 쓴 논문 "Provincializing Europe: Postcoloniality and the Critique of History"[3]에 담겨 있다.

최근에는 탈식민주의 연구보다 '기후변화와 인간사'의 문제에 집중하고 있다. 2021년에 시카고대학출판부에서 나온 *The Climate of History in a Planetary Age*[4]에서 차크라바르티는 자신이 서발턴 연구자에서 지구인문학 연구자로 전환하게 된 계기를 '산불 경험' 때문이라고 밝히고 있다(참고로 차크라바르티 자신은 '지구인문학'이라는 개념은 쓰고 있지 않다). 2003년에 호주 캔버라에서 발생한 산불은 4명의 인명피해를 비롯하여 숲과 공원 등 수도권 면적의

2 디페시 차크라바르티, 『유럽을 지방화하기: 포스트식민 사상과 역사적 차이』, 김택현·안준범 옮김, 그린비, 2014.

3 *Cultural Studies*, Vol.6, Issue 3.

4 이 책은 2023년에 신일철에 의해서 『행성시대 역사의 기후』(에코리브르)라는 제목으로 번역되었다.

3분의 2를 훼손시킨 대표적인 '지구사적 사건'이었다.

> 금세기 초에 나의 관점을 바꿔 놓은 사건이 발생했다. 2003년 호주 수도 특별 구역(Australian capital territory)에서 발생한 엄청난 산불은 인간들과 비인간들(nonhuman beings)의 생명을 앗아갔고, 수백 채의 가옥을 파괴시켰으며, 호주의 유명한 '숲속 도시(bush capital)' 캔버라를 둘러싸고 있는 모든 숲과 공원을 훼손시켰다. … 이러한 비극적인 피해에 대한 애도는 나로 하여금 특정 화재의 역사에 대해 호기심을 갖게 했으며, 그 원인을 살펴보는 과정에서 인위적인(anthropogenic) 기후변화는 내가 살고 있었던 인간 중심적(humanocentric) 사고와 밀접하게 관련되어 있다는 사실을 알게 되었다.[5]

차크라바르티에게 '캔버라Canberra'는 그가 박사학위를 받은 호주국립대학이 위치한 곳으로, 남다른 감정을 갖고 있는 지역이다. 이 감정이 그로 하여금 탈식민지주의 연구에서 지구인문학 연구로의 전환을 가져오게 하였다. 이후 그는 화재의 역사를 탐구하면서 그 원인이 인간에 의한 기후변화에 있다는 사실을 알게 되었다. 그것은 인간이 지질학적 힘geological force이 되었기 때문에 일어난 사건이었다는 것이다. 이처럼 2003년 호주의 대형 산불은 차크라바르티에게 있어 학문적 회심을 일으킨 지구사적 사건이었다.

---

5 D. Chakrabarty, *The Climate of History in a Planetary Age*, Chicago: Chicago University Press, 2021, pp.2~3; 디페시 차크라바르티, 『행성 시대 역사의 기후』, 이신철 옮김, 에코리브르, 2023, 11~12쪽. 이하에서는 '*The Climate of History in a Planetary Age*'와 '『행성 시대 역사의 기후』'로 각각 약칭.

2. 기후변화의 역사학

기후변화에 관한 차크라바르티의 첫 번째 논문은 「역사의 기후: 네 가지 테제The Climate of History: Four Theses」이다.[6] 이 논문은 원래 2008년에 캘커타에서 발행하는 학술지 *Baromas*에 벵갈어로 쓴 것인데, 이듬해인 2009년에 미국의 저널 *Critical Inquiry*에 영어로 번역해 게재함으로써 국제적인 관심을 끌기 시작했다.[7] 우리로 말하면 한국어로 썼을 때는 주목을 못 받다가 영어로 번역하자 주목을 받기 시작한 것이다. 따라서 이 논문은 차크라바르티에게 있어서는, 1992년의 *Provincializing Europe: Postcoloniality and the Critique of History*와 더불어 그의 학문 여정에 커다란 계기를 가져다 준 저작이라고 할 수 있다.

이 획기적인 논문에서 차크라바르티는 자신이 그동안 매진해 왔던 지구화globalization나 서발턴subaltern 연구가 오늘날의 지구적 위기를 이해하는 데 충분하지 않았다고 회고하고 있다.

---

6 이 논문은 2010년에 당시 이화여자대학교 지구사연구소의 김용우 교수에 의해 한글로 번역되었다: 디페시 차크라바르티, 「역사의 기후: 네 가지 테제」, 조지형·김용우 엮음, 『지구사의 도전』, 서해문집, 2010. 이하, '「역사의 기후: 네 가지 테제」'로 약칭.

7 디페시 차크라바르티 지음, 박현선·이문우 옮김, 「인류세: 기후변화의 정치학은 자본주의의 정치학 그 이상이다」, 『문화과학』 97, 2019, 159~160쪽; 원문은 Dipesh Chakrabarty, "The Politics of Climate Change Is More than the Politics of Capitalism," *Theory, Culture & Society*, vol. 34, no. 2~3, 2017, pp.25~37.

나는 지난 25년간 진행했던 지구화 이론, 마르크스주의적 자본 분석, 서벌턴 연구, 포스트 식민주의 비평에 대한 나의 모든 연구가 비록 지구화를 연구하는 데에는 매우 유용하다고 하더라도, 오늘날 인류가 처한 전 지구적 위기를 이해하는 데에는 크게 도움이 되지 않는다는 사실을 깨달았다.[8]

탈식민주의 연구는 국가적, 전 지구적 지배체제 형성에 대해 비판적 도구로서 충분히 효과가 있지만, 지구온난화의 위기를 다루는 데는 적합하지 않다는 것이다. 그 이유를 차크라바르티는 다음과 같이 말하고 있다.

첫째, 우리가 현재의 위기를 생각할 때마다 우리 모두를, 혹은 인류를 상상하는 다른 방식의 불완전한 모습들에 사로잡힌다.

둘째, 인류사와 자연사를 가로막은 벽에서 균열이 일어나고 있다. 우리는 스스로를 지질학적 행위자로서 경험하지 않을지 모르지만, 우리가 하나의 종으로서 지구적 기술을 소유하면서 지구 행성의 생명을 지배하는 차원에서 지질학적 행위자가 된 것처럼 보인다.[9]

다시 말하면 역사적 이해를 넘어서는 지식 없이는 우리 모두에게 영향을 미치는 기후변화의 위기를 해명할 수 없다는 것이다. 이러한 자각을 계기로 차크라바르티는 역사학자임에도 불구하고

---

8 「역사의 기후: 네 가지 테제」, 352쪽.

9 *The Climate of History in a Planetary Age*, p.45; 『행성 시대 역사의 기후』, 77쪽.

기후변화와 지구 시스템 과학Earth System Science 관련 서적들을 읽기 시작했고, 그 결과 그동안 자신이 가지고 있었던 인간에 관한 인문주의적 관점과 역사학 연구에 큰 도전을 받게 되었다.[10] 이후 그는 자신의 주요 관심사를 '기후사'로 설정하고 지구인문학자로서의 길을 걷고 있다.

차크라바르티가 서발턴 연구에서 기후사 연구로 전환하는 계기를 마련한 논문은 2009년에 쓴 "The Climate of History: Four Theses"이다. 또한 2015년에 나온 『행성 시대의 역사의 기후The Climate of History in a Planetary Age』는 그때까지의 연구 성과들을 총망라해서 단행본으로 묶은 것이다. 이 외에도 눈길을 끄는 것은 현대철학자 중에서 가장 주목을 받고 있는 브뤼노 라투르(Bruno Latour, 1947~)와의 대담이다. 2020년에 나온 "Conflicts of Planetary Proportion"과 "When the Global Reveals the Planetary"가 그것이다. 2016년에 나온 "Humanities in the Anthropocene: The Crisis of an Enduring Kantian Fable"에도 "for Bruno Latour"라는 소제목이 달려 있어서, 이 무렵부터 두 사람 사이의 관계가 형성되기 시작한 것 같다.

---

10 *The Climate of History in a Planetary Age*, p.221.

3. 새로운 지구사(geohistory) - 자연사와 인간사의 통합사

2009년, 그의 나이 62세 때 발표하여 지금의 차크라바르티를 있게 한 「역사의 기후: 네 가지 테제」에서 차크라바르티는 기후변화에 대해 다음과 같은 네 가지 테제를 제시하고 있다.[11]

테제1 **인간이 기후변화를 유발했다는 설명은 자연의 역사와 인류의 역사를 구분하는 오랜 인문학의 근거를 무너뜨린다.**

테제2 인류가 지질적 힘으로 존재하는 새로운 지질시대인 인류세에 도달했다는 생각은 근대성, **지구화에 대한 인문주의적 역사의 엄정한 수정을 요구**한다.

테제3 인류세에 관한 지질학적 가설은 자본의 **전 지구적 역사와 인간 종의 역사 간의 대화**를 요구한다.

테제4 **종의 역사와 자본의 역사를 교차 연구**하는 것은 역사적 이해의 한계를 탐색하는 과정이다.

여기에서 차크라바르티는 인간이 기후변화를 일으켰다는 사실이 자연사와 인간사를 구분하는 오래된 인문학의 입장을 와해시

11 「역사의 기후: 네 가지 테제」, 355쪽, 364쪽, 371쪽, 383쪽.

켰다고 주장한다. 과거의 인간이 단지 자연과 상호작용하는 '생물적인 행위자biological agent'였다면, 지금의 인류는 기후를 만드는 '지질학적 행위자geological agent', '자연의 힘'이 되었고, 그런 점에서 인간사와 자연사를 가로막은 벽에서 균열이 발생되고 있다는 것이다.

차크라바르티가 "인류세는 인간사와 뒤얽혀 있다"고 말하는 까닭이 여기에 있다.[12] 인류세 시대에는 인간사와 자연사가 '지구사geohistory'로 얽히게 되었고, 따라서 지구사에 대한 지식 없이는 현재의 지구적 위기를 해명할 수 없다고 보기 때문이다. 가령 지구온난화global worming라는 자연사는 지구화globalization라는 인간사와 밀접하게 연관되어 있다. 특히 1945년 전후로 진행된 '대가속The Great Acceleration'이 지구온난화를 가속화하는 데 일조하였다. 일부 학자들이 인류세의 시작을 이 시기로 보고 있는 것도 이러한 이유에서이다.[13]

이러한 관점에서 차크라바르티는 기후변화 시대를 맞이하여 종래에 인간사에서 배제되었던 자연사를 인간사의 영역에 포함시킬 것을 제안한다. 수억 년 동안 생명체를 지탱해 온 행성 과정의 맥락 속에 인간을 위치시키고, 자연사와 인간사의 통합사로서의 지구사로 전환하자는 것이다. 그래야 종래의 인간 중심주의적 관점에서 벗어나서 인간을 행성과 생명의 깊은 역사적 맥락 위에 놓

12 「역사의 기후: 네 가지 테제」, 354~364쪽.

13 Dipesh Chakrabarty, "The Planet: An Emergent Humanist Category", *Critical Inquiry* Vol. 46, 2019, pp.9~10.

고 새롭게 이해할 수 있기 때문이다.

이처럼 차크라바르티는 지구에서의 달라진 인간의 위상과, 그 인간에 의해 달라진 지구 환경에 주목하여, '역사학'이라는 학문 분야 자체를 새롭게 하고 있다. 그것은 자연사와 인간사의 통합으로서의 새로운 지구사geohistory이다. 차크라바르티가 제안한 지구사는 지구 시스템 과학, 기후과학, 지질학, 역사학 등 다양한 학문 분과들과의 학제적 연구를 통한 '깊은 역사deep history'이다.

4. 글로브(Globe)에서 행성(Planet)으로

우리가 차크라바르티를 '지구인문학자'로 명명한 이유는, 마치 토마스 베리가 자신을 '지구학자'로 지칭했던 것처럼, 차크라바르티도 '지구'를 자신의 학문적 테마로 삼고 있기 때문이다. 그런데 그에게 있어 지구는 단순한 글로브globe의 차원이 아니라 '행성planet'의 영역을 말한다. 여기에서 말하는 행성planet 개념에는 '지구 시스템Earth System'이라는 함축이 담겨 있다. 인류세 시대에는 지구 시스템적 관점에서 지구를 새롭게 이해해야 한다고 생각하기 때문이다.

이처럼 차크라바르티가 글로브Globe와 행성Planet을 구별하는 이유는 지구화globalization와 지구온난화global warming라는 단어에서 동일하게 지구Globe가 사용되고 있지만, 그 함축이 다르다고 보기 때문이다.[14] 결론부터 말하면, 글로브Globe는 인간 중심적 관점을 나타내는 지구를 가리키는 반면에, 행성Planet은 그렇지 않은 지구를 지칭한다고 보기 때문이다. 종래의 지구화globalization 서사는 인간을 중심에 두고 있지만, 지구 시스템 과학에서는 인간이 서사의 주인공이 아니다.

한편 차크라바르티는 지구를 인문학 혹은 철학적 범주에 등장시킨 장본인은 독일의 철학자 하이데거라고 보고 있다. 그런 점에서 하이데거는 지구인문학의 효시나 선구에 해당하는 셈이다. 그런데 하이데거는 지구earth와 행성planet을 구분하여, 그 중에서 지구만 철학적 범주에 넣었다(1936년). 그리고 지구earth를 "어딘가에 퇴적된 물질의 덩어리 개념이나 단지 천문학적이기만 한 행성planet 개념과 연관시켜서는 안 된다"고 하였다.[15] 따라서 하이데거가 말하는 지구에 대한 지층과 천문학적 관념은 차크라바르티가 말하는 '행성'에 해당한다.

차크라바르티에 의하면 행성은 천문학 및 지질학 연구를 통해

---

14 *The Climate of History in a Planetary Age*, p.18.; 『행성 시대 역사의 기후』, 36쪽.

15 *The Climate of History in a Planetary Age*, p.68.; 『행성 시대 역사의 기후』, 116쪽. 여기에 인용된 하이데거의 문장의 출처는 그가 1936년에 쓴 논문 「예술작품의 근원에 대하여」의 제2절 "작품과 진리"이다. 영어와 한글 번역본의 쪽수는 다음과 같다: Martin Heidegger, "The Origin of the Work of Art," *Poetry, Language, Thought*, trans. Albert Hofstadter, New York: Harper and Row, 1975, p.42; 말틴 하이데거, 『藝術作品의 根源』, 경문사, 1982, 110쪽.

드러나는 영역으로, 인간이 자신의 이익과 권력을 위해 지구를 파괴하면 할수록 인간이 마주하게 되는 대상이다. '행성'이 인문학의 범주로 등장하게 되는 계기가 여기에 있다. 과학자들이 지구 시스템에 우려를 표명한 순간 행성이 인문학의 범주로 등장한 것이다. 그래서 인간의 거주 문제는 천문학적 대상 혹은 지구 행성을 생각하지 않아도 된다는 하이데거의 입장은 인류세 시대에는 적절하지 않다고 차크라바르티는 지적한다.[16]

이처럼 차크라바르티가 글로브globe보다는 행성planet 개념을 강조하는 것은 지구화 서사와는 달리 행성적(지구 시스템적) 서사에서는 인간이 아닌 복잡한, 다세포적 생명multicellular life이 주인공이기 때문이다. 다시 말하면 지질학이나 진화생물학과 비슷하게, 지구 시스템은 인간사의 외부에서 인간의 이야기를 이해하려는 시도이다. 차크라바르티는 이것을 '행성의 관점view of the planet'이라고 명명한다.[17] 그는 가이아론을 주창한 제임스 러브록의 말을 인용하면서, 행성적 관점에 대해 다음과 같이 논하고 있다.

> 우주탐사의 가장 큰 부산물은 새로운 기술의 진보가 아니다. 그것의 진정한 성과는 인류 역사상 처음으로 우리가 외부로부터 지구를 바라볼 수 있는 기회를 갖게 됨으로써 외계에서 청록색의 아름다운 구체를 주

16 *The Climate of History in a Planetary Age*, p.71; 『행성 시대 역사의 기후』, 119쪽.

17 *The Climate of History in a Planetary Age*, pp.78~79; 『행성 시대 역사의 기후』, 131~133쪽.

시하면서 우리가 전혀 새로운 종류의 질문과 해답을 갖게 되었다는 점이다. 마찬가지로 화성에서의 생물에 대해 새로운 시각을 갖게 했으며, 그 결과 우리는 지구와 지구가 갖는 생물권과의 관계에 대한 태고적 관념을 새롭게 변화시킬 수 있는 계기를 얻게 되었다.[18]

흔히 '외부로부터 지구를 바라보는' 관점은 1957년에 소련에서 최초의 인공위성 '스푸트니크'를 발사하였을 때 처음으로 인간이 경험하였다고 알려져 있다. 그리고 1968년에 아폴로 8호가 달에서 찍은 최초의 지구 사진을 통해 전 인류로 확장되었다. 그런데 여기에서 차크라바르티가 러브록을 인용하면서 말하는 '외부의 관점'이란 단순히 달에서 지구를 바라본 관점을 의미하는 것은 아니다. 화성에서 생물이 존재하는지에 대한 관심이 지구와 지구의 생물권의 관계에 대한 관심으로 이어졌다는 의미에서의 '외부의 관점'을 말한다.

약 3억 7천만 년 전, 지구의 지표면에 식물, 특히 숲이 조성된 이후로 산소가 대기의 약 17~30% 사이를 유지할 수 있었는지에 대한 질문과 해답은 '행성 지구planet Earth'를 화성이나 금성과 같은 행성들과 비교하지 않고서는 불가능하였다. 이처럼 차크라바르티에게 있어 '행성 지구'는 위성으로부터 얻은 정보와 과학을 통해 재구성된 행성이라는 점에서, 그 이전에는 누구도 물리적으로 조

18 제임스 러브록, 『가이아: 살아있는 생명체로서의 지구』, 홍욱희 옮김, 갈라파고스, 2018, 46~47쪽.

우하지 않은 존재를 말한다.

그래서 빅데이터에 의해 재창조된 행성은, 티모시 모튼Timothy Morton의 용어로 말하면 '하이퍼오브젝트hyperobjects'가 된다.[19] 지구 시스템은 이미 존재하고 있었지만 외부로부터 지구를 바라보게 됨에 따라 비로소 인간에게 실재하는 것으로 경험되게 되었기 때문이다.

5. 인류세 인문학의 선구자

'지구'나 '행성'이 존재 탐구의 확장이라면 '인류세'는 시대 인식의 확장이다. 기후변화 시대를 지칭하는 인류세는 최근 들어 한국에서도 널리 사용되기 시작하였다. 이 인류세라는 새로운 시대 인식을 인문학적으로 어떻게 이해해야 하는가에 대한 논의의 물꼬를 튼 인물이 디페시 차크라바르티이다. 그리고 그 선구를 이룬 논문이 앞서 소개한 「역사의 기후: 네 가지 테제」이다. 그런 점에서 차크라바르티는 인류세 인문학자이기도 하다. 지구인문학이 1990년 전후에 대두되었다면, 인류세 인문학은 2010년 전후로 대두되기 시작하였다.

---

19 *The Climate of History in a Planetary Age*, p.79; 『행성 시대 역사의 기후』, 133쪽.

「역사의 기후: 네 가지 테제」(2009)에 이어서 나온 차크라바르트의 본격적인 인류세 인문학 논저가 이 강연『인류세의 인간의 조건』(2015)이다. 그리고 최근에 나온『행성시대 역사의 기후』(2021)와『하나의 행성, 서로 다른 세계』(2023)는 앞의 두 논저를 바탕으로 완성시킨 연구서이다. 그래서 시기적으로 구분하면,「역사의 기후: 네 가지 테제」는 초기에,「인류세 시대 인간의 조건」은 중기에,『행성시대 역사의 기후』와『하나의 행성, 서로 다른 세계』는 후기에 해당한다.

이번에『인류세 시대 인간의 조건』이 번역되어 나옴으로써 차크라바르티의 인류세 인문학 논고는 거의 모두 한국어로 번역되게 되었다. 참고로 일본에서도 최근에『인류세의 인간의 조건』(2023)과『하나의 행성, 서로 다른 세계』(2024)의 번역어가 나왔다(『행성시대 역사의 기후』는 아직 안 나왔다). 그리고『하나의 행성, 서로 다른 세계』의 역자인 시노하라 마사타케는 국내에도 번역된『인류세의 철학』(모시는사람들, 2022)의 저자이자 차크라바르티의 연구자이기도 하다. 그런 점에서 한국과 일본은 차크라바르티의 인류세 인문학을 연구하기에는 좋은 환경을 갖추고 있는 셈이다. 두 나라의 번역서와 연구서를 활용한다면 저자의 인류세론을 이해하는 데 큰 어려움이 없으리라 생각한다. 최근 들어『인류세』에 관한 번역과 저작이 많이 나오고 있지만, 처음 입문하는 분들에게는 차크라바르티의 저작을 권하는 바이다.

참고 문헌

Adriel M. Trott, *Aristotle on the Nature of Community*, Cambridge: Cambridge University Press, 2014.

Alison Bashford, *Global Population: History, Geopolitics, and Life on Earth*, New York: Columbia University Press, 2014.

Amartya Sen, "Energy, Environment, and Freedom: Why We Must Think about More Than Climate Change," *New Republic*, August 25, 2014.

Andreas Malm and Alf Hornborg's, "The Geology of Mankind? A Critique of the Anthropocene Narrative," *Anthropocene Review*, March 18, 2014 (published online January 7, 2014).

Archibald MacLeish, "Riders on Earth Together, Brothers in Eternal Cold," *New York Times*, December 25, 1968.

(http://cecelia.physics.indiana.edu/life/moon/Apollo8/122568sci-nasa-macleish.html)

Benjamin Lazier, "Earthrise; or, The Globalization of the World Picture," *American Historical Review*, June 2011.

Brigitte Hamman, "Eduard Suess als liberaler Politiker," Eduard Suess zum Gedenken, edited by Günther Hamman, Vienna: Akademie der Wissenschaften, 1983, pp.70~98.

Bruce Mazlish, "Comparing Global History to World History," *Journal of Interdisciplinary History* 28, no.3, Winter 1998, pp.385~95.

Bruno Latour, "Facing Gaia: Six Lectures on the Political Theology of Nature," The Gifford Lectures on Natural Religion, Edinburgh, 18~28 February 2013.

Bruno Latour, "How to Make Sure Gaia Is Not a God of Totality? With Special Attention to Toby Tyrrell's Book on Gaia"(2014년 9월에 브라질 리우 데자네이루에서 열린 콜로키움에서 발표한 원고).

Carl Schmitt, *The Nomos of the Earth in the International Law of the Jus Publicum Europaeum*, translated and annotated by G. L. Ulmen, New York: Telos Press, 2006. [칼 슈미트, 『大地의 노모스: 유럽 公法의 국제법』, 최재훈 옮김, 민음사, 1995.]

Charles Taylor, *A Secular Age*, Cambridge, MA: Harvard University Press, 2008.

Clive Hamilton, "Utopias in the Anthropocene,"(학술대회 발표 원고) the American Sociological Association, Denver, August 17, 2012.

Clive Hamilton, *Earthmasters: The Dawn of the Age of Climate Engineering*, New Haven, CT: Yale University Press, 2013.

Coral Davenport, "Emissions from India Will Increase, Official Says," *New York Times*, September 23, 2014.

Cynthia Stokes Brown, *Big History: From the Big Bang to the Present*, New York: New Press, 2012[2007].

David Archer, *The Long Thaw: How Humans Are Changing the Next 100,000 Years of the Earth's Climate*, Princeton, NJ: Princeton University Press, 2009. [데이비드 아처, 『얼음에 남은 지문』, 좌용주·이용준 옮김, 성림원북스, 2022.]

David Christian, "The Return of Universal History," *History and Theory* 49, December 2010, pp.6~27.

Deborah R. Coen, "What's the Big Idea? The History of Ideas Confronts Climate Change", 2014.

Daniel Lord Smail, *On Deep History and the Brain*, Berkeley: University of California Press, 2008.

Dipesh Chakrabarty, *Provincializing Europe: Postcolonial Thought and Historical Difference*, Princeton, N.J.: Princeton University Press, 2000. [디페시 차크라바르티, 『유럽을 지방화하기: 포스트식민 사상과 역사적 차이』, 김택현·안준범 옮김, 그린비, 2014.]

Dipesh Chakrabarty, "Postcolonial Studies and the Challenge of Climate Change," *New Literary History* 43, 2012, pp. 25~42.

Dipesh Chakrabarty, "Climate and Capital: On Conjoined Histories," *Critical Inquiry*, Fall 2014.

Elizabeth Kolbert, *The Sixth Extinction: An Unnatural History*, New York: Henry Holt, 2014.

Erle C. Ellis, "Overpopulation Is Not the Prob lem," *New York Times*, September 13, 2013.

Giorgio Agamben, *Homo Sacer: Sovereign Power and Bare Life*, Stanford, CA: Stanford University Press, 1998(이태리어 초판은 1995).

Hannah Arendt, *The Human Condition*, 2nd ed., introduction by Margaret Canovan, Chicago: University of Chicago Press, 1998[1958]. [한나 아렌트, 『인간의 조건』, 이진우 옮김, 한길사, 2020.]

Hans-Georg Gadamer, "Martin Heidegger," *Philosophical Apprenticeships*, translated by Robert R. Sullivan, pp.45~54, Cambridge, MA: MIT Press, 1985(독일어 초판은 1977).

Hans-Georg Gadamer, *On Education, Poetry, and History: Applied Hermeneutics*, translated by Lawrence Schmidt and Monica Reuss, edited by Dieter Misgeld and Graeme Nicholsonm, Albany: State University of New York Press, 1992, pp.193~208.

Intergovernmental Panel on Climate Change (IPCC), *Climate Change 2001: A Synthesis Report. A Contribution of the Working Groups I, II, and III to the Third Assessment Report of the IPCC*, edited by R. T. Watson and the Core Writing Team, New York: Cambridge University Press, 2001.

J. Timmons Roberts and Bradley C. Parks, *A Climate of Injustice: Global Inequality, North-South Politics, and Climate Policy*, Cambridge, MA: MIT Press, 2007.

James Gordon Finlayson, "'Bare Life' and Politics in Agamben's Reading of Aristotle," *Review of Politics* 72, 2010, pp.97~126.

James Hansen, *Storms for My Grandchildren: The Truth about the Coming Climate Catastrophe and Our Last Chance to Save Humanity*, New York: Bloomsbury, 2009.

James Lovelock, *The Ages of Gaia: A Biography of Our Living Planet*, New York: Norton, 1995[1988]. [제임스 러브록, 『가이아의 시대: 살아 있는 우리 지구의 전기』, 홍욱희 옮김, 범양사출판부, 1992.]

James Lovelock, "Gaia and Emergence: A Response to Kirchner and Volk," *Climatic Change* 57, 2003.

James Lovelock, *The Vanishing Face of Gaia: A Final Warning*, New York: Basic Books, 2009.

James Lovelock and Michael Allaby, *The Greening of Mars: An Adventurous Prospectus Based on the Real Science and Technology We Now Possess - How Mars Can Be Made Habitable by Man*, New York: St. Martin's Press, 1984.

James W. Kirchner, "The Gaia Hypothesis: Conjectures and Refutations," *Climatic Change* 58, 2003.

Jan Zalasiewicz et al., "When Did the Anthropocene Begin? A Mid–Twentieth Century Boundary Level Is Stratigraphically Optimal," *Quaternary International* 30, 2014, pp.1–8. (http://dx.doi.org/10.1016/j.quaint.2014.11.045.)

Jan Zalasiewicz, Mark Williams, and Colin N. Waters, "Can an Anthropocene Series Be Defined and Recognized?", *A Stratigraphical Basis for the Anthropocene*, edited by C. N. Waters et al., Geological Society, London, Special Publications 395, 2014, pp.39~53. (http://dx.doi.org/10.1144/SP395.16.)

Jan Zalasiewicz and Mark Williams, *The Goldilocks Planet: The Four Billion Year Story of Earth's Climate*, Oxford: Oxford University Press, 2012.

John Gribbin and Mary Gribbin, *James Lovelock: In Search of Gaia*, Princeton, NJ: Princeton University Press, 2009.

John L. Brooke, *Climate Change and the Course of Global History*, New York: Cambridge University Press, 2014.

John Michael Greer, "Progress vs. Apocalypse," *The Energy Reader*, edited by Tom Butler, Daniel Lerch, and George Wuerthner, Sausalito, CA: Foundation for Deep Ecology, 2012, pp.96~99.

Joseph Masco, "Mutant Ecologies: Radioactive Life in Post–Cold War New Mexico," *Cultural Anthropology* 19, no. 4, 2004, pp.517~50.

Joseph Masco, "Bad Weather: On Planetary Crisis," *Social Studies of Science* 40, no.1, February 2010, pp.7~40.

Joshua P. Howe, *Behind the Curve: Science and the Politics of Global Warming*, Seattle: University of Washington Press, 2014.

Joyce Chaplin, *Round about the Earth: Circumnavigation from Magellan to Orbit*, New York: Simon and Schuster, 2012.

Julia Adeney Thomas, "History and Biology in the Anthropocene: Problems of Scale, Problems of Value," *American Historical Review*, December 2014, pp.1587~88.

Karl Jaspers, *Man in the Modern Age*, translated by Eden Paul and Cedar Paul, New York: Henry Holt and Company, 1933. [カール・ヤスパース, 『現代の精神的状況』, 飯島宗享訳, 東京: 理想社, 1971.]

Karl Jaspers, *Die Atombombe und die Zukunft des Menschen*, Munich: R. Piper & Co Verlag, 1958.

Karl Jaspers, *The Atom Bomb and the Future of Man*, translated by E. B. Ashton, Chicago: University of Chicago Press, 1963. [칼 야스퍼스, 『原子彈과 人類의 未來(上)』, 김종호·최동희 공역, 사상계, 1963.]

Kathleen D. Morrison, "The Human Face of the Land: Why the Past Matters for India's Environmental Future," NMML Occasional Paper, *History and Society, New Series* no.27, New Delhi: Nehru Memorial Museum and Library, 2013, pp.1~31.

Lisa Ann-Gershwin, *Stung! On Jellyfish Blooms and the Future of the Ocean*, Chicago: University of Chicago Press, 2013.

Mark Lynas, *The God Species: How the Planet Can Survive the Age of Humans*, London: Fourth Estate, 2011.

Martin Heidegger, "The Origin of the Work of Art," *Poetry, Language, Thought*, trans. Albert Hofstadter, New York: Harper and Row, 1975.
[말틴 하이데거, 『藝術作品의 根源』, 경문사, 1982]

Martin Heidegger, "The Age of the World-Picture," Martin Heidegger, *The Question Concerning Technology and Other Essays*, translated by William Lovitt, New York: Garland Publishing, 1977, pp.115-54.

Martin Heidegger, *Being and Time*, translated by John Macquarrie and Edward Robinson, Oxford: Basil Blackwell, 1985(first published in 1962).
[마르틴 하이데거, 『존재와 시간』, 전양범 옮김, 시간과 공간사, 1989.
마르틴 하이데거, 『존재와 시간』, 소광희 옮김, 경문사, 1998.
마르틴 하이데거, 『존재와 시간』, 이기상 옮김, 까치, 2020.]

Michael Geyer and Charles Bright, "World History in a Global Age," *American Historical Review* 100, October 1995, pp.1034~60.

Michael Ruse, *The Gaia Hypothesis: Science on a Pagan Planet*, Chicago: University of Chicago Press, 2013.

Mike Hulme, *Why We Disagree about Climate Change: Understanding Controversy, Inaction and Opportunity*, Cambridge: Cambridge University Press, 2009.

Mike Hulme, *Can Science Fix Climate Change?*, London: Polity, 2014.

Naomi Oreskes, "Scaling Up Our Vision," *Isis* 105, no.2, June 2014, pp.379~91.

Peter F. Sale, *Our Dying Planet: An Ecologist's View of the Crisis We Face*, Berkeley: University of California Press, 2011.

Peter Sloterdijk, "Globe Time, World Picture Time," *In the World Interior of Capital*, translated by Wieland Hoban, London: Polity, 2013(독일어 원서는 2005년), pp.27~32.

P. K. Haff, "Technology as a Geological Phenomenon: Implications for Human Well–Being," *A Stratigraphical Basis for the Anthropocene*, edited by C. N. Waters et al., *Geological Society, London, Special Publications* 395, 2014.

P. L. Gibbard and M. J. C. Walker, "The Term 'Anthropocene' in the Context of Geological Classification," *A Stratigraphical Basis for the Anthropocene* edited by C. N. Waters et al., *Geological Society, London, Special Publications* 395, 2014.

Raymond T. Pierrehumbert, *Principles of Planetary Climate*, Cambridge: Cambridge University Press, 2010.

Richard A. Betts et al., "When Could Global Warming Reach 4℃?", *Philosophical Transactions of the Royal Society A* 369, 2011, pp.67~84.

Rob Hengeveld, *Wasted World: How Our Consumption Challenges the Planet*, Chicago: University of Chicago Press, 2012. [롭 헹거벨트, 『훼손된 세상: 우리의 소비가 지구를 망치고 있다』, 서종기 옮김, 생각과사람들, 2013.]

Robert J. Nicholls et al., "Sea–level Rise and Its Possible Impact Given a 'Beyond 4°C World' in the Twenty–First Century," *Philosophical Transactions of the Royal Society A* 369, 2011, pp.161~81.

Robert Poole, *Earthrise: How Man First Saw the Earth*, New Haven, CT: Yale University Press, 2008.

Rosi Braidotti, *The Posthuman*, Cambridge: Polity, 2013. [로지 브라이도티, 『포스트휴먼』, 이경란 옮김, 아카넷, 2015.]

S. C. Finney, "The 'Anthropocene' as a Ratified Unit in the ICS International Chronostratigraphic Chart: Fundamental Issues That Must Be Addressed by the Task Group", *Geological Society London Special Publications* 395–1, pp.23~28.

Spencer R. Weart, *The Discovery of Global Warming*, rev. and exp. ed., Cambridge, MA.: Harvard University Press, 2008[2003]. [스펜서 위어트, 『지구온난화를 둘러싼 대논쟁』, 김춘수 옮김, 동녘사이언스, 2012.]

Stephen M. Gardiner, *A Perfect Moral Storm: The Ethical Tragedy of Climate Change*, Oxford: Oxford University Press, 2011.

Steve Vanderheiden, *Atmospheric Justice: A Political Theory of Climate Change*, New York: Oxford University Press, 2008.

Sverker Sorlin, "The Global Warming That Did Not Happen: Historicizing Glaciology and Climate Change," *Nature's End: History and the Environment*, edited by Sverker Sorlin and Paul Warde, New York: Palgrave, 2009, pp. 93~114.

Thomas Athanasiou and Paul Baer, *Dead Heat: Global Justice and Global Warming*, New York: Seven Stories Press, 2002.

Timothy Lenton, "Testing Gaia: The Effect of Life on Earth's Habitability and Regulation," *Climatic Change* 52, 2002, pp.409~22.

Toby Tyrrell, *On Gaia: A Critical Investigation of the Relationship between Life and Earth* , Princeton, NJ: Princeton University Press, 2013.

Tyler Volk, "Natural Selection, Gaia, and Inadvertent By–Products," *Climatic Change* 58, 2003.

Tyler Volk, "Seeing Deeper into Gaia Theory: A Reply to Lovelock's Response," *Climatic Change* 57, 2003.

Vaclav Smil, *Harvesting the Biosphere: What We Have Taken from Nature* , Cambridge, MA: MIT Press, 2013.

Valerie A. Brown, John A. Harris, and Jacqueline Y. Russell, eds., *Tackling Wicked Problems: Through the Transdisciplinary Imagination*, London: Earthscan, 2010.

Will Steffen et al., "The Trajectory of the Anthropocene," *Anthropocene Review*, 2015, pp.1~18.

저자의 관련 논저

| 영어 논저 |

1. "The Climate of History: Four Theses," *Critical Inquiry* 35–2, Winter 2009, pp. 197~222.
   * 김용우 옮김, 「역사의 기후: 네 가지 테제」, 조지형·김용우 엮음, 『지구사의 도전』, 서해문집, 2010, 348~386쪽.
   * 이 논문의 수정본이 *The Climate of History in a Planetary Age* (2021)에 "Four Theses"라는 제목으로 실렸는데(pp.23~48), 이 수정본의 한글 번역은 디페시 차크라바르티, 『행성 시대 역사의 기후』, 이신철 옮김, 에코리브르, 2013, 제1장에 「네 가지 테제」라는 제목으로 수록되어 있다(43~82쪽).

2. "Climate and Capital: On Conjoined Histories," *Critical Inquiry* 41–1, Autumn 2014, pp.1~23.
   * 이 논문의 수정본이 *The Climate of History in a Planetary Age* (2021)에

“Conjoined Histories”라는 제목으로 실렸는데(pp.123~48), 이 수정본의 한글 번역은 디페시 차크라바르티, 『행성 시대 역사의 기후』, 이신철 옮김, 에코리브르, 2013, 제2장에 「결합된 역사들」이라는 제목으로 실려 있다(83~113쪽).

3. “Humanities in the Anthropocene: The Crisis of an Enduring Kantian Fable,” *New Literary History* 47–2/3, Spring & Summer 2016, pp.377~397.
   * 이 논문의 수정본이 *The Climate of History in a Planetary Age* (2021)에 “In the Ruins of an Enduring Fable”라는 제목으로 실렸는데(pp.133~152), 이 수정본의 한글 번역은 디페시 차크라바르티, 『행성 시대 역사의 기후』, 이신철 옮김, 에코리브르, 2013, 제6장에 「지속하는 우화의 폐허 속에서」라는 제목으로 실려 있다(217~247쪽).

4. “The Human Condition in the Anthropocene,” *The Tanner Lectures on Human Values 35* edited by Mark Matheson, Salt Lake City: University of Utah Press, 2016, pp.137~188.
   https://tannerlectures.utah.edu/_resources/documents/a-to-z/c/Chakrabarty%20manuscript.pdf

5. “The Politics of Climate Change is More Than the Politics of Capitalism,” *Theory, Culture & Society*, 34–2/3, February 2017, pp.25~37.

6. “Anthropocene Time,” *History and Theory* 57–1, March 2018, pp.5~32.
   * 이 논문은 *The Climate of History in a Planetary Age*(2021)에 동명의 제목으로 실렸는데(pp.155~181), 한글 번역은 디페시 차크라바르티, 『행성 시대 역사의 기후』, 이신철 옮김, 에코리브르, 2013, 제7장에 「인류세 시대」라는 제목으로 수록되었다(251~292쪽).

7. *The Crises of Civilization: Exploring Global and Planetary Histories*, New Delhi: Oxford University, October 2018.

8. “Planetary Crisis and the Difficulty of Being Modern,” *Millennium: Journal of International Studies* 46–3, June 2018, pp.259~282.
   * 이 논문은 *The Climate of History in a Planetary Age* (2021)에 “The Dif-

ficulty of Being Modern"이라는 제목으로 실렸는데(pp.95~113), 한글 번역은 디페시 차크라바르티, 『행성 시대 역사의 기후』, 이신철 옮김, 에코리브르, 2013, 제4장에 「근대적인 것이라는 어려움」이라는 제목으로 수록되었다(157~186쪽).

9. "The Dalit Body: A Reading for the Anthropocene," *The Empire of Disgust: Prejudice, Discrimination, and Policy in India and the US*, ed. Zoya Hasan, Aziz Z. Huq, Martha C. Nussbaum, and Vidhu Verma, Oxford University Press, 2018, pp.1~20.
 * 이 논문은 *The Climate of History in a Planetary Age* (2021)에 "Planetary Aspirations: Reading a Suicide in India"라는 제목으로 실렸는데 (pp.114~132), 한글 번역은 디페시 차크라바르티, 『행성 시대 역사의 기후』, 이신철 옮김, 에코리브르, 2013, 제5장에 「행성적 열망: 인도에서의 한 자살 읽기」라는 제목으로 수록되었다(187~216쪽).

10. "The Planet: An Emergent Humanist Category," *Critical Inquiry* 46-1, Autumn 2019, pp.1~31.
 * 이 논문은 *The Climate of History in a Planetary Age* (2021)에 "The Planet: A Humanist Category"라는 제목으로 실렸는데(pp.68~91), 한글 번역은 디페시 차크라바르티, 『행성 시대 역사의 기후』, 이신철 옮김, 에코리브르, 2013, 제3장에 「행성: 인간주의적 범주」라는 제목으로 수록되었다(115~153쪽).

11. "Museums Between Globalisation and the Anthropocene," *Museum International* 71-1/2, Jul 2019, pp.12~19.

12. "The Planet: An Emergent Matter of Spiritual Concern?," Harvard Divinity Bulletin 47-3/4, Winter 2019, pp.28~38.
 https://bulletin.hds.harvard.edu/the-planet-an-emergent-matter-of-spiritual-concern/
 유튜브 https://www.youtube.com/watch?v=7DDYdIVLss4

13. "When the Global Reveals the Planetary: Bruno Latour Interviews Dipesh

Chakrabarty," *Critical Zones: The Science and Politics of Landing on Earth* edited by Bruno Latour & Peter Weibel, The MIT Press, October 2020.

14. "Conflicts of Planetary Proportion: A Conversation by Bruno Latour & Dipesh Chakrabarty," *Journal of the Philosophy of History* 14–3, November 2020, pp.419~454.

15. "The Human Sciences and Climate Change: A Crisis of Anthropocentrism," *Science and Culture*, 86, nos. 1-2, January-February, 2020, pp.46~48.

16. "An Era of Pandemics? What is Global and What is Planetary About COVID–19", 〈*Critical Inquiry*〉(online), 2020. https://critinq.wordpress.com/2020/10/16/an–era–of–pandemics–what–is–global–and–what–is–planetary–about–covid–19/

17. *The Climate of History in a Planetary Age*, Chicago: Chicago University Press, 2021.

18. "The Chronopolitics of the Anthropocene: The Pandemic and Our Sense of Time, *Indian Sociology*, 55–3, 2021, pp.324~348.

19. "Coda: Ten Questions on Globality," *New Global Studies*, Vol. 15 Issue 2/3, 2021, pp.323~329.

20. "On the Idea of the Planetary," *Soundings*, Number 78, Summer 2021, pp.50~63.

21. "Afterword: On Scale and Deep History in the Anthropocene," *Narratives of Scale in the Anthropocene*, New York: Routledge, 2021, pp.225~232.

22. "Planetary Humanities: Straddling the Decolonial/Postcolonial Divide", Daedalus, 151–3, 2022, pp.222~233.

23. *One Planet, Many Worlds: The Climate Parallax*, Chisago: The University of Chicago Press, 2023.

| 한글 번역 |

1. 김택현·안준범 옮김, 『유럽을 지방화하기: 포스트식민 사상과 역사적 차이』, 그린비, 2014.

2. 김용우 옮김, 「역사의 기후: 네 가지 테제」, 조지형·김용우 엮음, 『지구사의 도전』, 서해문집, 2010. 원제: "The Climate of History: Four Theses"(2009)

3. 박현선·이문우 옮김, 「기후변화의 정치학은 자본주의 정치학 그 이상이다」, 『문학과학』 97 (2019.03): 143~161. 원제: "The Politics of Climate Change is More Than the Politics of Capitalism"(2017)

4. 이신철 옮김, 『행성시대 역사의 기후』, 에코리브르, 2023.

5. 이신철 옮김, 『하나의 행성, 서로 다른 세계』, 에코리브르, 2024.

| 일어 번역 |

1. 臼田雅之 訳, 「急進的歴史と啓蒙的合理主義」, 『思想』, 1996.01.

2. 臼田雅之 訳, 「マイノリティの歴史, サバルタンの過去」, 『思想』, 1998.09.

3. 坂本邦暢 訳, 「気候と資本 : 結合する複数の歴史」, 成田龍一·長谷川貴彦 共編, 『世界史をいかに語るか : グローバル時代の歴史像』, 東京: 岩波書店, 2020, 113~140쪽.
[원제: "Climate and Capital: On Conjoined Histories", 2014]

4. 篠原雅武 訳, 「パンデミックの時代なのだろうか? COVID19におけるグローバルなものと惑星的なもの」, 『現代思想』 49−12, 2021.10, pp.124~134.
[원제: "An Era of Pandemics? What is Global and What is Planetary About COVID−19", 2020]

5. 早川健治 訳, 『人新世の人間の条件』, 東京: 晶文社, 2023.02.
[원제: "The Human Condition in the Anthropocene," 2015.]

6. 篠原雅武 訳, 『一つの惑星､多数の世界: 気候がもたらす視差をめぐって』, 京都: 人文書院, 2024.1.
[원제: One Planet, Many Worlds: The Climate Parallax, 2023]

| 한글/일어 논저 |

1. 진태원, 「(탈)현대 이후, 마르크스주의 이후 데리다, 코젤렉, 차크라바르티, 그리고 그 너머」, 『민족문학사연구』 67, 13~54쪽.

2. 심효원, 「인류세와 21세기 간학제적 접근론: 차크라바르티, 파리카, 해러웨이를 중심으로」, 『비교문학』 80, 2020, 237~266쪽.

3. 허남진, 조성환, 「디페시 차크라바르티의 지구인문학: 지구(Earth)에서 행성(Planet)으로」, 『문학 사학 철학』 67, 2021, 282~295쪽.

4. 김용우, 「인류세와 역사학의 미래: 디페시 차크라바르티의 논의를 중심으로」, 『한국사학사학보』 48, 2023, 101~129쪽.

5. 「人新世で問題となる｢政治思想｣の措定する前提: チャクラバルティ『惑星時代における歴史の風土』を手がかりに」, 『社会科学ジャーナル』 90, 2023, 99~120쪽.

6. 中島隆博, 「書評(206): 人間を周縁化する: ディペシュ･チャクラバルティ『一つの惑星､多数の世界: 気候がもたらす視差をめぐって』(篠原雅武訳)」, 『UP』 53-4, 66~71쪽, 東京: 東京大学出版会, 2024.04.